- Deset Zapovijed -

Zakon Boga

Dr. Jaerock Lee

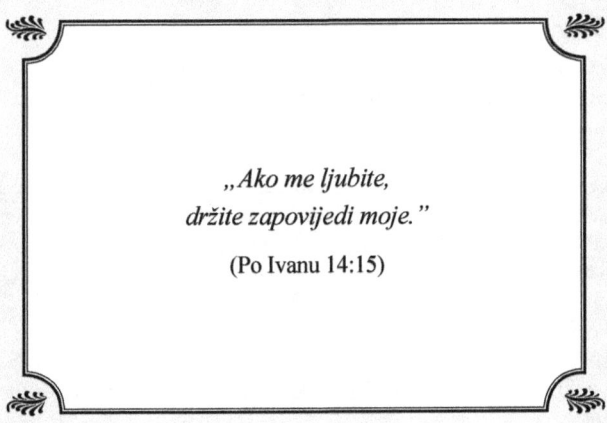

*„Ako me ljubite,
držite zapovijedi moje."*

(Po Ivanu 14:15)

Zakon Boga – Dr. Jaerock Lee

Nakladnik: Urim Books (Predstavnik: Sungnam Vin)
73, Yeouidaebang-ro 22-gil, Dongjak-gu, Seul, Koreja
www.urimbooks.com

Sva prava pridržana. Ni ova knjiga niti njezini dijelovi ne smiju se reproducirati u kojem obliku, pohranjivati u računalni sustav niti prenositi ni na koji način, elektroničkim, mehaničkim putom, fotokopiranjem, snimanjem te ni na koji drugi način bez prethodnog pisanog odobrenja izdavača.

Osim ako nije drukčije naznačeno, svi citati iz Svetog pisma preuzeti su iz Biblije Kršćanske sadašnjosti, Zagreb:2008. ®, autorska prava © prvo izdanje u vlastitoj nakladi 1974. izdavača Kršćanska sadašnjost, Zagreb:2008. Odobreno korištenje.

Autorska prava © 2020: Dr. Jaerock Lee
ISBN: 979-11-263-0526-1 03230
Autorska prava na prijevod © 2016: Dr. Esther K. Chung. Odobreno korištenje.

Prethodno na korejskom objavio 2007. Urim Books

Prvi put objavljeno u siječanj 2020.

Urednik: Dr. Geumsun Vin
Dizajn: Urednički ured
Tisak: Prione Printing
Za više informacija obratite nam se na urimbook@hotmail.com

Predgovor

Dok sam služio, primao sam brojna pitanja kao što su, „Gdje je Bog?" ili „Pokaži mi Boga," ili „Kako ja mogu sresti Boga?" Ljudi postavljaju takva pitanja jer ne znaju kako sresti Boga. Ali način susreta sa Bogom je jednostavniji nego što mislimo. Mi možemo sresti Boga samo učeći Njegove zapovijedi i slušajući ih. Međutim, iako mnogi ljudi znaju tu činjenicu svojim glavama, oni ne uspijevaju slijediti zapovijedi jer oni ne razumiju pravo duhovno značenje koje je sažeto u svakoj zapovjedi, koje su proizašle iz Očeve duboke ljubavi za nas.

Baš kao što osoba treba ispravnu edukaciju da bi se mogla priključiti društvu, dijete Boga također treba potrebnu edukaciju da bi se pripremilo doći do neba. Tu dolaze zakoni Boga. Zakoni Boga, ili Njegovih Deset Zapovijedi, se trebaju učiti svako dijete Boga i primjenjivati u našim svakodnevnim kršćanskim životima. *Zakon Boga* su zapovijedi koje je Bog stvorio za nas kao način našeg približavanja do Njega, dobivanja odgovora od Njega i našeg bivanja sa Njim. Drugim riječima, *Zakon Boga* je naša karta do susreta sa Bogom.

Oko 1446 pr. Kr. baš nakon što su Izraelci izašli iz Egipta, Bog ih je želio dovesti do zemlje kojom teče med i mlijeko, drugim imenom znana kao zemlja Kaanan. Da bi se to dogodilo, Izraelci su morali shvatiti Božju volju i oni su trebali znati što stvarno znači postati djeca Boga. Zbog toga je Bog nježno upisao Deset Zapovijedi, koja sažeto sumiraju sve Njegove zakone, na dvije kamene table (Izlazak 24:12). Onda je On dao te table Mojsiju tako da bi on mogao naučiti Izraelce tomu kako i gdje Bog želi da oni budu, još točnije, u Njegovoj prisutnosti, učiti ih dužnostima koje imaju kao djeca Boga.

Prije otprilike trideset godina, nakon što sam susreo živog Boga, ja sam naučio i slušao Njegove zakone dok sam pohađao crkvu tražeći svako oživljenje koje sam mogao naći. Počevši sa odbacivanjem pušenja i pića, ja sam naučio držati Šabat svetim, davati punu desetinu, moliti se itd. U malu bilježnicu, počeo sam bilježiti grijehe koje nisam mogao odmah odbaciti. Onda sam se molio i postio, pitajući Boga da mi pomogne slušati Njegove zapovijedi. Blagoslovi koje sam primio su bili veličanstveni!

Prvo, Bog je blagoslovio našu obitelj fizički tako da nitko od nas ne oboljeva. Onda nam je On dao tako puno financijskih blagoslova da smo se mi mogli slobodno fokusirati na potrebite. Na kraju, On je izlio tako puno duhovnih blagoslova na mene tako da ja mogu voditi svjetsko svećeništvo koje cilja na svjetski evangelizam i misije.

Ako naučiš Božje zapovijedi i slušaš ih, ti nećeš samo uspijevati u svim dijelovima svojeg života, nego ćeš također moći iskusiti slavu svijetlu kao sunce, jednom kad uđeš u Njegovo vječno kraljevstvo.

Ova knjiga *Zakon Boga* je kompilacija serija propovijedi koje su bazirane na Njegovoj riječi i sa inspiracijom „Deset zapovijedi" koje sam primio dok sam postio i molio se ubrzo nakon što sam počeo svoje svećeništvo. Kroz ove poruke, mnogi vjernici počinju shvaćati Božju ljubav, počinju živjeti život poslušnosti prema Njegovim zapovijedima i prema tome duhovno uspijevaju u svim drugim dijelovima svojeg života. Nadalje, mnogi vjernici iskuse primanje odgovora na svaku svoju molitvu. Još važnije, oni dobivaju veću nadu za nebo.

Pa ako ti shvatiš duhovno značenje Deset Zapovijedi o kojima raspravljamo u ovoj knjizi i shvatiš duboku ljubav Boga koji nam je dao Deset Zapovijedi, te odlučiš živjeti u poslušnosti prema Njegovim zapovijedima, ja ti garantiram da ćeš primiti nevjerojatne blagoslove od Gospoda. Ponovljeni zakon 28:1-2 govori da ćemo biti blagoslovljeni svo vrijeme: *„Ako budeš vjerno slušao Gospoda, Boga svojega, i ako budeš izvršivao zapovijedi njegove, što ti ih dajem danas, uzvisit će te Gospod,*

Bog tvoj, nad sve narode na zemlji. Svi ovi blagoslovi doći će na te i stignut će te, ako budeš slušao Gospoda, Boga svojega."

Želim se zahvaliti Gemusun Vin, direktorici uredničkog ureda, Urim Books, i njenim zaposlenicima zbog njihove predanosti koja nema premca i neprocjenjivog doprinosa u nastanku ove knjige. Ja se također molim u ime našeg Gospoda da će svi oni koji dođu do ove knjige lako shvatiti zakone Boga i slušati Njegove zapovijedi da bi postali još voljeni i prema tome blagoslovljenija djeca Boga!

Jaerock Lee

Uvod

Mi dajemo svu slavu Bogu Ocu koji nam dopušta prikupiti učenja o Deset Zapovijedi, koje sadrže Božje srce i volju, u ovoj knjizi, *Zakon Boga*.

Prvo, „Božja ljubav sadržana u Deset Zapovijedi," ispunjava čitatelja sa potrebnim pozadinskim informacijama o Deset Zapovijedi. Odgovara na pitanje, „Što su zapravo Deset Zapovijedi?" To poglavlje također objašnjava da nam je Bog dao Deset Zapovijedi jer nas On voli i On nas u konačnici želi blagosloviti. Pa kada mi slušamo svaku zapovijedi sa moći Božje ljubavi, tada ćemo mi primiti sve blagoslove koje On skladišti za nas.

U „Prva Zapovijed," mi učimo da ako svatko voli Boga, on ili ona može lako slušati Njegove zapovijedi. To poglavlje također prelazi preko pitanja zašto kao prvu zapovijed Bog postavlja da ne služimo druge bogove osim Njega.

„Druga Zapovijed" pokriva važnost ne služenja idola – ili u duhovnom smislu – imati nešto što osoba može voljeti više od Boga. Ovdje, mi također učimo o duhovnim posljedicama kada mi služimo pogrešne idole i kada to ne činimo, te specifične duhovne blagoslove i kletve do kojih ćemo doći u našem životu kao rezultat toga.

Poglavlje o „Treća Zapovijed" objašnjava što znači izgovarati GOSPODOVO ime uzalud i zašto bi osoba to trebala izbjegavati.

U „Četvrta Zapovijed" mi učimo o pravom značenju „Šabata," i zašto je Šabat promijenjen sa subote na nedjelju, iz Starog zavjeta u Novom zavjetu. To poglavlje također točno objašnjava kako osoba mora držati Šabat svetim, prvenstveno na tri različita načina. To poglavlje također prikazuje uvjete pod kojima se iznimke za tu zapovijedi mogu primjenjivati – kada se rad i poslovne transakcije mogu obavljati na Šabat.

„Peta Zapovijed" objašnjava u detalje kako osoba mora

poštovati svoje roditelje na božanstven način. Također učimo što znači poštovati Boga, koji je Otac našeg duha, koje tipove blagoslova ćemo primiti kada Ga slavimo i naše fizičke roditelje, u Njegovoj istini.

Poglavlje o „Šesta Zapovijed" sastoji se od dva dijela; prvi se dio fokusira na grijeh počinjenja fizičkog ubojstva, a drugi dio je duhovno objašnjenje počinjenja grijeha ubojstva unutar srca osobe, grijeh koji su možda mnogi vjernici počinili, ali rijetko shvaćaju da su ga počinili.

„Sedma Zapovijed" prelazi preko grijeha fizičkog počinjenja preljuba i grijeha počinjenja preljuba u srcu ili umu, koje je zapravo strašnije od ta dva grijeha. To poglavlje također prelazi preko duhovnog počinjenja tog grijeha, proces molitve i posta, sa kojim osoba može odbaciti taj grijeh kroz pomoć Duha Svetog i Božju milost te moć.

„Osma Zapovijed" opisuje fizički opis krađe i duhovnu definiciju krađe. To poglavlje također u detalje opisuje kako osoba može počiniti grijeh krađe od Boga tako da ne daje desetinu i prinose, ili čak pogrešnim rukovanjem Božje riječi.

„Deveta Zapovijed" bavi se sa tri različita tipa davanja lažnog svjedočanstva, ili laganja. To poglavlje također naglašava kako osoba može isčupati korijen prevare iz svojeg srca tako da ispuni svoje srce sa istinom.

„Deseta Zapovijed" objašnjava prilike kada mi možemo počiniti grijeh koji rezultira u žudnji za našeg susjeda. Tu također učimo da je pravi blagoslov kada naše duše uspijevaju, jer kada naša duša uspijeva, mi primamo blagoslove uspjeha u svim dijelovima naših života.

Konačno, u zadnjem poglavlju, „Zakon Života sa Bogom" dok mi proučavamo svećeništvo Isusa Krista koji je ispunio Zakon sa ljubavi, mi učimo da moramo imati ljubav da bismo ispunili Božju riječ. Mi također učimo o vrsti ljubavi koja prelazi pravdu.

Ja se nadam da će ovaj tekst pomoći tebi, čitatelju, jasno shvatiti duhovno značenje Deset Zapovijedi. I kako ti slušaš GOSPODOVE zapovijedi, neka uvijek boraviš u svijetloj prisutnosti Boga. Također se molim u ime našeg Gospoda da dok ispunjavaš Njegove zakone, ti dođeš do mjesta u svojem duhovnom životu gdje će sve tvoje molitve biti odgovorene i Njegovi blagoslovi će se prelijevati u svim dijelovima tvojeg života!

Geumsun Vin
Direktorica uredničkog ureda

Sadržaj

Predgovor
Uvod

Poglavlje 1
Božja ljubav sadržana u Deset Zapovijedi   1

Poglavlje 2, Prva Zapovijed
„Neimaj drugih bogova uz mene"   11

Poglavlje 3, Druga Zapovijed
„Ne pravi sebi idola niti ga slavi"   25

Poglavlje 4, Treća Zapovijed
„Ne izusti imena Gospodina, Boga svoga, uzalud"   43

Poglavlje 5, Četvrta Zapovijed
„Sjeti se subotnoga dana, drži ga svetim"   57

Poglavlje 6, Peta Zapovijed
„Poštuj oca svojega i mater svoju..."   75

Poglavlje 7, Šesta Zapovijed
„Ne ubij" 87

Poglavlje 8, Sedma Zapovijed
„Ne sagriješi bludno" 101

Poglavlje 9, Osma Zapovijed
„Ne ukradi" 117

Poglavlje 10, Deveta Zapovijed
„Ne svjedoči lažno proti bližnjemu svojemu..." 131

Poglavlje 11, Deseta Zapovijed
„Ne poželi kuće bližnjega svojega..." 143

Poglavlje 12
Zakon Života sa Bogom 157

Poglavlje 1

Božja ljubav sadržana u Deset Zapovijedi

Izlazak 20:5-6

„*Ne padaj ničice pred njima i ne klanjaj se njima; jer ja, Gospod, Bog tvoj, jesam Bog revnitelj, koji kazni zlodjela otaca na djeci, na unučadi i praunučadi onih, koji me mrze, a milosrđe iskazuje do u tisućno koljeno onima, koji me ljube i drže zapovijedi moje.*"

Prije četiri tisuće godina, Bog je odabrao Abrahama kao oca vjere. Bog je blagoslovio Abrahama i načinio savez sa njim, obećavajući mu potomke, „brojne kao zvijezde na nebu i pijesak na obali."

I u Svoje vrijeme, Bog je načinio naciju Izrael kroz dvanaest sinova Abrahamovog unuka, Jakova. Pod Božjom providnosti, Jakob i njegovi sinovi su otišli u Egipat da bi izbjegli glad i živjeli su tamo 400 godina. To je sve bio dio Božjeg nježnog plana da bi ih zaštito od invazije nevjerničkih naroda dok oni nisu narasli u dovoljno veliku i snažnu naciju.

Jakobova obitelj je rasla od toga što se sastojalo od sedamdeset ljudi – kada su otišli u Egipat – u broj dovoljno velik da bi napravili naciju. I kako je ta nacija rasla, Bog je izabrao jednu osobu pod imenom Mojsije kao vođu Izraelaca. Tada je Bog vodio te ljude do Obećane zemlje Kaanan, zemlju kojom teče med i mlijeko.

Deset Zapovijedi su bile nježne riječi koje je Bog dao Izraelcima dok ih je vodio do Obećane zemlje.

Da bi Izraelci ušli u blagoslovljenu zemlju Kaanan, oni su morali imati dvije kvalifikacije: morali su imati vjeru u Boga; i oni su Ga morali slušati. Međutim, bez seta standarda za njihovu vjeru i poslušnosti, oni ne bi mogli shvatiti što stvarno znači imati vjeru i biti poslušan. Zato im je Bog dao Deset Zapovijedi kroz njihovog vođu Mojsija.

Deset Zapovijedi su lista pravila koja su standard koji ljudska bića slijede, ali Bog ih nije autokratski prisilio da slušaju te zapovijedi. Samo nakon što im je pokazao i kad im je dopustio da iskuse Njegovu veličanstvenu moć – tako da je poslao deset pošasti na Egipat, podijelio je Crveno more, promijenio je gorku vodu u slatku vodu na Mari, nahranio je Izraelce manom i prepelicama – On im je dao Deset Zapovijedi koje trebaju slijediti.

Najvažniji dio informacije ovdje je da svaka riječ Boga, uključujući Deset Zapovijedi, nije dana Izraelcima, nego svim onima koji danas vjeruju u Njega, kao prečac do primanja Njegove ljubavi i blagoslova.

Srce Boga koje nam daje Zapovijedi

Kada se dijete odgaja, roditelj uči nebrojena pravila svojoj djeci; pravila kao što su „Moraš prati svoje ruke nakon igranja," ili „Uvijek se pokrivaj sa dekom dok spavaš," ili „Nikad ne prelazi cestu kada je semafor crven."

Roditelju ne daju svojoj djeci ta pravila da bi ih mučili. Oni ih uče tim pravilima jer vole svoju djecu. To je prirodna roditeljska želja zaštiti svoju djecu od bolesti i opasnosti, držati ih na sigurnom i pomoći im mirno živjeti kroz cijeli svoj život. To je isti razlog zašto nam je Bog dao Deset Zapovijedi, Svojoj djeci: jer nas On voli.

U Izlasku 15:26, Bog nam govori „*Ako doista budeš rado slušao glas Gospoda, Boga svojega, i ako budeš činio, što je pravo u očima njegovim, i ako se pokoriš zapovijedima njegovim i ispuniš sve uredbe njegove, onda nijedne od onih bolesti, što sam ih stavio na Egipat, neću pustiti na tebe. Dapače ja, Gospod, bit ću spasitelj tvoj."*

U Levitskom zakoniku 26:3-5, On kaže, „*Ako budete živjeli po mojim zakonima i izvršavali zapovijedi moje, davat ću vam dažd u pravo vrijeme, Zemlja će rađati rod svoj, i drveće u polju davat će plodove svoje. Vršidba će se kod vas oduljiti do berbe, a berba do sjetve. I kruh ćete svoj jesti do sitosti i prebivat ćete bez straha u zemlji svojoj."*

Bog nam daje zapovijedi tako da možemo znati kako se susresti s Njim, primiti Njegove blagoslove i odgovore na naše molitve i u konačnici živjeti sa mirom i radosti u našim životima.

Drugi razlog zašto mi trebamo slušati Božje zakone, uključujući Deset Zapovijedi, je zbog pravednih zakona duhovnog svijeta. Baš kao što svaki narod ima svoje zakone, Božje kraljevstvo ima duhovne zakone koje je Bog postavio. Iako je Bog stvorio svemir i On je Stvoritelj koji ima potpunu kontrolu nad životom, smrti, kletvama i blagoslovima, On nije totalitaran. Zbog toga se On, iako je On Stvoritelj zakona, strogo pridržava zakona.

Baš kao što se mi pridržavamo zakona zemlje čiji smo stanovnici, ako smo mi prihvatili Isusa Krista kao našeg Spasitelja i postali smo djeca Boga i prema tome stanovnici Njegova kraljevstva, onda se mi moramo pridržavati zakona Boga i Njegovog kraljevstva.

U 1. Kraljevima 2:3 je zapisano, *„Drži zakon Gospoda, Boga svojega, idi putovima njegovim i obdržavaj njegove zakone, zapovijedi, propise i naputke, kako to stoji napisano u zakonu Mojsijevu, da imadneš sreću u svemu, što činiš i preduzimaš!"*

Držati se Božjih zakona znači slušati riječi Boga, uključujući Deset Zapovijedi, koje su zapisane u Bibliji. Kada se ti držiš tih zakona, ti možeš primiti Božju zaštitu i blagoslove, te uspijevati u svemu što činiš.

U suprotnom, kada ti kršiš Božje zakone, neprijatelj Sotona ima pravo donositi ti iskušenja i poteškoće, tako da te Bog ne može zaštiti. Prekršiti Božju zapovijed je grijeh i prema tome to znači postati rob grijeha i Sotone, koji će te u konačnici odvesti do pakla.

Bog nas želi blagosloviti

Prema tome, glavni razlog zašto nam je Bog dao Deset Zapovijedi je taj što nas On voli i želi nas blagosloviti. Ne samo da On želi da mi iskusimo vječne blagoslove na nebu, nego On također želi da mi iskusimo Njegove blagoslove na zemlji i budemo uspješni u svemu što činimo. Kada mi shvatimo tu ljubav Boga, mi možemo biti samo zahvalni Bogu jer nam je dao zapovijedi i radosno slušati Njegove zapovijedi.

Mi možemo vidjeti da djeca, jednom kad stvarno shvati koliko ih njihovi roditelji vole, jako se trude slušati svoje roditelje. Čak i ako ne uspiju slušati svoje roditelje i ukoreni su, jer oni razumiju da njihovi roditelji djeluju iz ljubavi, oni mogu reći, „Mama/ tata, više ću se truditi slijedeći puta," i nježno potrčati u roditeljski zagrljaj. I kako oni stare i imaju dublje razumijevanje ljubavi svojih roditelja i njihove zabrinutosti, djeca će slušati učenja svojih roditelja i donijeti im radost.

Ljubav njihovih roditelja je ono što daje djeci moć za poslušati. To je isto za nas u poslušnosti prema svojim riječima Boga koje su zapisane u Bibliji. Ljudi pokušavaju najbolje što mogu slušati zapovijedi jednom kad su shvatili da ih Bog voli toliko puno da je On poslao Svog jednog i jedinog Sina, Isusa Krista, u ovaj svijet da bi umro na križu za nas.

Zapravo, što veću vjeru mi imamo u činjenicu da je taj Isus Kristu, koji nije imao nikakvih grijeha, preuzeo sve vrste progona dok je On umirao na križu za naše grijehe, to veću radost mi imamo dok slušamo te zapovijedi.

Blagoslovi koje primamimo kada mi slušamo Njegove zapovijedi

Naši su oci vjere, koji su slušali svaku Božju riječi i strogo živjeli prema Njegovim zapovijedima, primili velike blagoslove i slavili su Boga Oca svim svojim srcima. I danas, oni svijetle na nas vječnim svjetlom istine koje se nikad ne gasi.

Abraham, Daniel i apostol Pavao su neki od tih ljudi vjere. Čak i danas, postoje ljudi vjere koji nastavljaju činiti kao što su ti ljudi činili.

Na primjer, šesnaesti predsjednik Sjedinjenih Američkih Država, Abraham Lincoln je imao samo devet mjeseci školovanja, ali zbog svojeg pohvalnog karaktera i vrlina, njega danas mnogi ljudi vole i poštuju. Abrahamova majka, Nancy Hanks Lincoln, preminula je kada je Lincoln imao samo devet godina, ali dok je bila živa, ona ga je naučila kratkim stihovima iz Biblije i da sluša Božje zapovijedi.

I kada je ona shvatila da će umrijeti, ona je pozvala svojeg sina i ostavila mu svoje zadnje riječi, „Želim da ti voliš Boga i slušaš Njegove zapovijedi." Kako je Abraham Lincoln odrastao, on je postao poznati političar i promijenio je povijesti sa svojim pokretom ukidanja ropstva, šezdeset i šest knjiga Biblije su uvijek bile pokraj njega. Za ljude koji su kao Lincoln, koji ostaju blizu Boga i slušaju Njegove riječi, Bog im uvijek pokazuje dokaze Svoje ljubavi.

Nije bilo dugo nakon što sam ja pokrenuo našu crkvu kada sam posjetio par koji je bio u braku dugo godina ali nisu mogli roditi djecu. Sa vodstvom Duha Svetog, ja sam vodio službu i blagoslovio taj par. Tada sam napravio zahtjev. Tražio sam od njih da drže Šabat svetim slaveći Boga svaku nedjelju, daju desetinu i slušaju Deset Zapovijedi.

Taj u vjeri novi par je počeo dolaziti na službe svaku nedjelju i davali su desetinu, prema Božjim zapovijedima. Kao rezultat, oni su primili blagoslov rođenja djeteta i rodili su zdravu djecu. Ne samo to, nego su oni također primili financijske blagoslove. Sada, muž služi crkvi kao starješina i njegova cijela obitelj je veliki oslonac u pomoći i evangelizmu.

Slušati Božje zapovijedi je kao držati lampu u potpunoj tami. Kada mi imamo svijetlu lampu, mi se ne moramo brinuti hoćemo li se spotaknuti na nešto u mraku. Isto tako, kada je Bog, koji je svjetlo, sa nama, On će nas štiti u svim okolnostima i mi ćemo moći uživati u blagoslovima koja su rezervirana za svu djecu Boga.

Ključ primanja svega za što pitaš

U 1. Ivanovoj poslanici 3:21-22 govori, *"Ljubljeni, ako nas srce ne kori, imamo pouzdanje u Boga, i štogod molimo, primamo od njega, jer zapovijedi njegove držimo i činimo, što je njemu ugodno."*

Zar nije divno znati da ako samo slušamo zapovijedi koje su zapisane u Bibliji i činimo što je ugodno Bogu, mi Ga možemo hrabro pitati sve što želimo i On će nam odgovoriti? Kako radostan Bog mora biti, gledajući nad Svojom poslušnom djecom sa Svojim vatrenim očima i moći odgovoriti na njihovu svaku molitvu, prema zakonima duhovnog svijeta!

Zato su Božjih Deset Zapovijedi kao udžbenik ljubavi koji nas uči najboljim putem primanja Božjih blagoslova dok smo kultivirani na ovoj zemlji. Zapovijedi nas uče kako možemo izbjegavati nepogode i katastrofe i kako možemo primati blagoslove.

Bog nam nije dao zapovijedi da bi mogao kazniti one koji ih ne slušaju, nego da bi nam dopustio uživati u vječnim blagoslovima u Njegovom prekrasnom kraljevstvu neba slušajući Njegove zapovijedi (1. poslanica Timoteju 2:4). Kada ti počneš shvaćati i osjećati Božje srce i živjeti prema Njegovim zapovijedima, ti ćeš moći primiti još više Njegove ljubavi.

Nadalje, kako ti učiš pobliže svaku zapovijedi i kako ti potpuno slušaš svaku zapovijedi sa snagom koju nam Bog nježno daje, ti ćeš moći primiti sve blagoslove koje želiš primiti od Njega.

Poglavlje 2
Prva Zapovijed

„Neimaj drugih bogova uz mene"

Izlazak 20:1-3

Onda Bog izgovori sve ovo, govoreći,
„Ja sam Gospod, Bog tvoj, koji te je izveo iz zemlje egipatske, iz kuće ropstva. Neimaj drugih bogova uz mene."

Dvoje ljudi koji se vole osjećaju radost samo jer su zajedno. Zbog toga dvoje ljubavnika ne osjeća hladnoću kada su skupa usred zime i zbog toga mogu činiti sve što jedno pita drugo, bez obzira na težinu zadatka, sve dok to drugu osobu raduje. Čak i ako se moraju žrtvovati za drugu osobu, oni su radosni jer mogu napraviti nešto za drugu osobu i oni se osjećaju radosni kada vide sreću na licu druge osobe.

To je slično sa našom ljubavi za Boga. Ako mi stvarno volimo Boga, onda slušati Njegove zapovjedni ne bi trebalo biti teško; zapravo, trebalo bi nas radovati.

Deset Zapovijedi koje Božja djeca trebaju slušati

Danas, neki ljudi koji se nazivaju vjernicima govore, „Kako možemo slušati svih Deset Božjih Zapovijedi?" Oni zapravo govore da zato što ljudi nisu savršeni, nema načina na koji mi možemo potpuno slušati Deset Zapovijedi. Mi možemo samo pokušati slušati sve Zapovijedi.

Ali u 1. Ivanovoj poslanici 5:3 je zapisano, *„Jer je ovo ljubav Božja, da zapovijedi njegove držimo, i zapovijedi njegove nijesu teške."* To znači da je dokaz da mi volimo Boga naša poslušnost prema Njegovim zapovijedima i da nam Njegove zapovijedi nisu toliko bremenite da ih ne možemo slušati.

U vrijeme Starog zavjeta, ljudi su morali slušati zapovijedi sa svojom voljom i snagom, ali sada u vrijeme Novog zavjeta, svatko tko prihvati Isusa Krista kao svojeg Spasitelja prima Duh Sveti koji mu pomaže slušati.

Duh Sveti je jedan sa Bogom i kao Božje srce, Duh Sveti ima ulogu pomaganja Božjoj djeci. Zato Duh Sveti s vremena na vrijeme posreduje za nas, tješi nas, vodi naša djela i izljeva ljubav Boga na nas tako da se mi možemo boriti protiv grijeha čak do točke prolijevanja krvi i djelovati prema Božjoj volji (Djela apostolska 9:31; 20:28; Poslanica Rimljanima 5:5, 8:26).

Kada mi primimo tu snagu od Duha Svetog, mi možemo duboko razumjeti ljubav Boga koji nam daje Svojeg jednog i jedinog Sina, onda mi možemo lako slušati ono što ne možemo slušati sa našom voljom i snagom. Postoje ljudi koji još uvijek govore da je teško slušati Božje zapovijedi i ne pokušavaju ih slušati. I oni nastavljaju živjeti usred grijeha. Ti ljudi zapravo ne volje Boga iz dubine svojih srca.

U 1. Ivanovoj poslanici 1:6 piše, *„Ako reknemo, da imamo zajedništvo s njim, a u tami hodimo, lažemo i ne činimo istine"* i u 1. Ivanovoj poslanici 2:4 piše, *„Tko govori: 'Poznajem ga, a zapovijedi njegovih ne drži, lažac je, i u njemu istine nema.'"*

Ako je Božja riječ, koja je istina i sjeme života, u nekom, on ne može griješiti. On će biti vođen do života u istini. Pa ako netko tvrdi da vjeruje u Boga ali ne sluša Njegove zapovijedi, to znači da istina zapravo nije u njemu i on laže pred Bogom.

Onda što je prva od tih zapovijedi koje Božja djeca moraju slušati, da bi ispovijedali svoju ljubav prema Njemu?

„Neimaj drugih bogova uz mene"

„Nemaj" se ovdje odnosi na Mojsija, koji je direktno primio Deset Zapovijedi od Boga, Izraelce koji su primili zapovijedi kroz Mojsija, te svu Božju djecu danas koja su spašena imenom Gospoda. Što misliš zašto Bog zapovijeda Svojim ljudima da nemaju drugih bogova osim Njega kao prvu zapovijed?

To je zbog toga što je sam Bog istinit, jedan i jedini živi Bog, svemogući Stvoritelj svemira. Isto tako, samo Bog ima potpunu kontrolu nad svemirom, poviješću čovječanstva, životom i smrti, te On daje pravi život i vječni život čovjeku.

Bog je Onaj koji nas je spasio od okova grijeha u ovom svijetu. Zbog toga osim jednog i jedinog Boga, mi ne smijemo imati drugih bogova u našim srcima.

Ali mnogi budalasti ljudi se udaljavaju od Boga i provode svoje živote slaveći mnoge lažne idole. Neki slave sliku Bude, koji ne može ni treptati, neki slave kamenje, neki staro drveće, dok se neki okrenu Sjevernom polu i slave ga.

Neki ljudi slave prirodu i zazivaju imena tako mnogo pogrešnih bogova obožavajući mrtve ljude. Svaka rasa i svaka nacija ima svoje idole. Samo u Japanu kažu da imaju tako puno idola da imaju osam milijuna različitih bogova.

Pa zašto misliš da ljudi rade te pogrešne idole i slave ih? Zato što oni traže način na koji se mogu utješiti, ili samo slijede običaje svojih predaka koja su pogrešna. Ili, oni imaju sebičnu želju primiti više blagoslova ili više dobre sreće slaveći mnoge različite bogove.

Ali jedna stvar koju moramo razjasniti da osim Boga Stvoritelja, nijedan bog nema moć dati nam blagoslove, a kamoli spasiti nas.

Dokazi u prirodi o Bogu Stvoritelju

Kao što je zapisano u Poslanici Rimljanima 1:20, *„Jer što se na njemu ne može vidjeti, od postanja svijeta moglo se je spoznati i vidjeti na stvorenjima, i njegova vječna sila i božanstvo, te nemaju izgovora."* Ako mi pogledamo principe svemira, mi možemo vidjeti da Stvoritelj stvarno postoji i da postoji samo jedan Bog stvoritelj.

Na primjer, kada pogledamo na ljudsku vrstu na ovoj zemlji, sva ljudska tijela imaju istu strukturu i funkciju. Da li je osoba crna ili bijela, bez obzira koje su rase, oni imaju dva oka, dva uha, jedan nos i jedna usta, koja se nalaze na istom mjestu na licu. Nadalje, to je također ista stvar sa životinjama.

Slonovi su životinje sa dugim nosom. Ali primijeti da imaju jedan dug nos i dvije nosnice. Zečevi, sa dugim ušima i bijesni lavovi također imaju isti broj očiju, usta i ušiju koji se nalaze na istom dijeli kao i ljudski. Nebrojeni živi organizmi, kao što su životinje, ribe, ptice, te čak i insekti – pored posebnih karakteristika koji ih razdvajaju jedan od drugoga – svi imaju istu tjelesnu strukturu i funkciju. To dokazuje da postoji samo jedan stvoritelj.

Prirodni fenomeni također jasno dokazuju postojanje Boga Stvoritelja. Jednom na dan, zemlja napravi jednu potpunu rotaciju oko svoje osi i jednom na godinu, ona napravi jednu potpunu revoluciju oko sunca, te jednom na mjesec, mjesec se rotira i revoluira oko zemlje. Zbog tih rotacija i revolucija, mi možemo iskusiti mnoge prirodne pojave na regularnoj osnovi. Mi imamo dan i noć, te četiri različita godišnja doba. Mi imamo plimu i oseku, a zbog termalnih promjena mi imamo atmosfersku cirkulaciju.

Lokacija i kretanje zemlje čini ovaj planet savršenom nastambom za preživljavanje čovječanstva i svih drugih živih bića. Razmak između sunca i zemlje ne smije biti bliži ili dalji. Razmak između sunca i zemlje je uvijek bila na najsavršenijoj udaljenosti od početka vremena, i zemljina rotacija i revolucija oko sunca se događala jako dugo vremena, unutar frakcije greške.

Jer je svemir stvoren, i radi pod mudrosti Boga, tako se mnogo nezamislivih stvari koje čovjek ne može nikad potpuno razumjeti, događa svaki dan.

Sa svim tim jasnim dokazima, nitko ne može dati ovaj izgovor na zadnji sudnji dan, „Ja nisam mogao vjerovati jer nisam znao da Bog stvarno postoji."

Jedan dan, sir Isaac Newton pitao je iskusnog mehaničara da mu napravi sofisticirani model sunčevog sustava. Njegov prijatelj ateist ga je posjetio jedan dan i vidio model sunčevog sustava. Bez puno misli, on je okrenuo polugu i nešto stvarno veličanstveno se dogodilo. Svaki planet na modelu se počeo okretati oko sunca različitim brzinama!

Prijatelj nije mogao sakriti svoje oduševljenje i iznenađeno rekao, „Ovo je stvarno izvrstan model! Tko ga je napravio?" Što misliš kako je Newton odgovorio? On je rekao, „Oh, nitko ga nije napravio. Samo se tako slučajno stvorilo."

Prijatelj se osjećao kao da se Newton šali s njim i odgovorio mu je, „Što?! Ti misliš da sam ja budala? Kako se može tako složen model samo stvoriti iz ničega?"

Na to, Newton mu je odgovorio, „To je samo mali model

pravog sunčevog sustava. Ti govoriš da se čak i ovako mali model ne može samo pojaviti bez dizajnera i stvoritelja. Kako onda možeš objasniti nekome tko vjeruje da se pravi sunčev sustav, koji je još kompliciraniji i veći, samo pojavio bez stvoritelja?"

Ovo je Newton napisao u svojoj knjizi, The Philosophiæ Naturalis Principia Mathematica, što zanči, „Matematički principi prirodne filozofije" i često se naziva „Principia," „Najljepši sustav sunca, planeta i kometa se načiniti iz savjeta i domene inteligentnog i moćnog Bića.... On [Bog] je vječan i bezgraničan."

Zbog toga su veliki broj znanstvenika koji proučavaju zakone prirode kršćani. Što oni proučavaju zakone i svemir, to oni više shvaćaju svemoguću moć Boga.

Nadalje, kroz čuda i znakove koji se događaju pred vjernicima, kroz Božje sluge i radnike koje On voli i prepoznaje, te kroz povijest čovjeka koja ispunjava proročanstva iz Biblije, Bog nam pokazuje mnoge dokaze tako da mi možemo vjerovati u Njega, živog Boga.

Ljudi koji prepoznaju Boga Stvoritelja bez slušanja Evanđelja

Ako pogledaš u povijest čovječanstva, ti možeš vidjeti ljude sa dobrim srcima koji nikad nisu čuli evanđelje ali su shvatili jednog i jedinog Boga Stvoritelja i pokušali su živjeti u pravednosti.

Ljudi sa nečistim i zbunjenim srcima slave mnoge različite bogove da bi se pokušali utješiti. U jednu ruku, ljudi sa ispravnim i čistim srcima samo slave i služe jednog Boga, Stvoritelja, iako oni ne znaju o Bogu.

Na primjer, admiral Soonshin Yi, koji je živio tijekom Chosun dinastije u Koreji, služio je svoju zemlju, kralja i svoje ljude sa svim svojim životom. On je poštivao svoje roditelje i tijekom cijelog svojeg života, on nikad nije pokušao tražiti svoju korist, nego se radije žrtvovao za druge. Iako nije znao o Bogu ili Gospodu Isusu, on nije služio šamanima, demonima ili zlim duhovima, nego sa dobrom savjeti, on je samo gledao prema nebu i vjerovao u jednog stvoritelja.

Ti dobri ljudi nikad nisu učili Božju riječi, ali možeš vidjeti da su oni uvijek pokušavali živjeti čist i istinit život. Bog je također otvorio put spasa za tu vrstu ljudi, kroz nešto što se zove „Sud Savjesti." To je Božji način davanja spasenja za one ljude iz vremena Starog zavjeta, ili za ljude nakon vremena Isusa Krista koji nisu imali šansu čuti evanđelje.

U poslanici Rimljanima 2:14-15 je zapisano, „*Jer kad neznabošci, koji nemaju zakona, po naravi čine ono, što je po zakonu, onda su oni, koji nemaju zakona, sami sebi zakon. Oni dokazuju, da je ono, što zakon zapovijeda, napisano u srcima njihovim. Savjest njihova svjedoči im, i misli, koje se među sobom tuže ili i brane."*

Kada ljudi sa dobrom savjesti čuju evanđelje, oni će lako primiti Gospoda u svojim srcima. Bog dopušta tim dušama da privremeno ostanu u „Gornjem Grobu" tako da oni mogu ući na nebo.

Kada osobin život završi, njen duh napušta fizičko tijelo. Duh privremeno ostaje u mjesto koje se zove „Grob." Grob je privremeno mjesto gdje ona uči kako se prilagoditi duhovnom svijetu prije odlaska na svoje mjesto za cijelu vječnosti. To mjesto je podjeljeno u „Gornji Grob," gdje spašeni ljudi čekaju i „Donji Grob," gdje ne spašene duše čekaju mučenje (Postanak 37:35; Job 7:9; Brojevi 16:33; Luka 16).

Ali u Djelima apostolskim 4:12 piše, *„I nema ni u jednom drugom spasenja; jer nema drugoga imena pod nebom danoga ljudima, u kojem treba da se spasimo."* Pa, da bi te duše u Gornjem Grobu sigurno imali šansu čuti evanđelje, Isus je otišao u Gornji Grob da bi podijelio evanđelje s njima.

Sveto Pismo podupire tu činjenicu. 1. Petarova Poslanica 3:18-19 govori, *„Jer je i Krist jedanput za grijehe naše umro, pravedan za nepravedne, da nas privede k Bogu, ubijen doduše tijelom, ali oživljen Duhom. U njemu je sišao i propovijedao duhovima, koji su bili u tamnici."* Te „dobre" duše u Gornjem Grobu prepoznaju Isusa, primaju evanđelje i spašene su.

Pa za ljude koji su živjeli sa dobrom savjesti i vjerovali u jednog Stvoritelja, bez obzira jesu li živjeli u vrijeme Starog zavjeta ili nisu nikad čuli o evanđelju ili zakonima, Bog pravde je pogledao u dubinu njihova srca i otvorio vrata spasenja za njih,

Zašto je Bog zapovjedio svojim ljudima da nemaju drugih bogova osim Njega

S vremena na vrijeme, nevjernici govore, „Kršćanstvo zahtjeva da ljudi vjeruju u jednog Boga. Ne čini li to religiju ne fleksibilnom i ekskluzivnom?"

Također postoje ljudi koji se nazivaju vjernicima ali ovise o čitačima dlanova, čarolijama, privjescima ili talismanima.

Bog nam je posebno rekao da ne radimo kompromise u tim dijelovima. On je rekao, „Neimaj drugih bogova uz mene." To znači da se ne smijemo nikad povezati ili blagoslivljati pogrešne idole ili druga Božja stvorenja. Niti bismo ih trebali postaviti kao Bogu jednakima na bilo kakav način.

Postoji samo jedan Stvoritelj, koji nas je stvorio, samo nas On može blagosloviti i samo On nam može dati život. Lažni bogovi i idoli koje ljudi slave dolaze u konačnici od neprijatelja vraga. Oni se protive Bogu.

Neprijatelj vrag pokušava zbuniti ljude tako da se oni udalje od Boga. Slaveći stvari koje su lažne oni na kraju slave Sotonu i oni hodaju prema vlastitoj propasti.

Zbog toga su ljudi koji tvrde da vjeruju u Boga ali svejedno slave lažne idole u svojim srcima pod utjecajem neprijatelja vraga. Iz tog razloga oni nastavljaju doživljavati bol, tugu i patiti od bolesti i iskušenja.

Bog je ljubav i On ne želi da Njegovi ljudi slave lažne idole i hodaju prema vječnoj smrti. Zbog toga nam je On zapovjedio da nemamo drugih bogova pored Njega. Slaveći samo Njega, mi možemo imati vječan život i mi također možemo primiti obilne blagoslove od Njega dok živimo na ovoj zemlji.

Mi moramo primiti blagoslove tako da se vjerno oslanjamo samo na Boga

U 1. Ljetopis 16:26 zapisano je, *"Jer su svi bogovi u naroda idoli, a Gospod je stvorio nebesa."* Da Bog nije nikad rekao, "Nemaj drugih bogova pored Mene," onda neodlučni ljudi, ili čak i neki vjernici bi mogli nesvjesno slaviti pogrešne idole i hodati prema vječnoj smrti.

Mi to možemo vidjeti u povijesti Izraela. Izraelci, među svim drugim ljudima, naučili su o jednom i jedinom Stvoritelju svemira i oni su iskusili Njegovu moć nebrojen broj puta. Ali tijekom vremena, oni su se udaljili od Boga i počeli su slaviti druge bogove i idole.

Oni su mislili da nevjernički idoli dobro izgledaju, pa su ih počeli slaviti uz Boga. Kao rezultat, oni su iskusili svakakve vrste iskušenja, progona i pošasti koje je neprijatelj vrag i Sotona donosio na njih. Samo kada više nisu mogli izdržati bol i muku, onda bi se oni pokajali i okrenuli Bogu.

Razlog zašto im Bog, koji je ljubav, oprašta iznova i spašava ih iz njihovih problema je taj što On ne želi vidjeti kako oni pate u vječnoj smrti kao rezultat služenja idolima.

Bog nam kontinuirano pokazuje dokaze da je On Stvoritelj, živi Bog, tako da Ga mi možemo slaviti, samo Njega. On nas je spasio od grijeha kroz Svog jedinog Sina, Isusa Krista i obećao nam vječni život i dao nam nadu vječnog života na nebu.

Bog nam pomaže znati i vjerovati da je On živi Bog pokazujući nam čuda, znakove i čudesa kroz Svoje ljude i kroz šezdeset šest knjiga Biblije i povijest čovječanstva.

Posljedično, mi moramo vjerno slaviti Boga, Stvoritelja svemira koji ima kontrolu nad svim u njemu. Kao Njegova djeca, mi moramo rađati obilne dobre plodove pouzdajući se samo u Njega.

Poglavlje 3
Druga Zapovijed

"Ne pravi sebi idola niti ga slavi"

Izlazak 20:4-6

„Ne pravi sebi lika rezana, niti kakve slike od onoga, što je gore na nebu ili dolje na zemlji ili u vodi pod zemljom! Ne padaj ničice pred njima i ne klanjaj se njima; jer ja, Gospod, Bog tvoj, jesam Bog revnitelj, koji kazni zlodjela otaca na djeci, na unučadi i praunučadi onih, koji me mrze, a milosrđe iskazuje do u tisućno koljeno onima, koji me ljube i drže zapovijedi moje."

„Gospod je umro na križu zbog mene. Kako ja ikako mogu negirati Gospoda zbog straha od smrti? Ja bih radije umro deset puta za Gospoda nego Ga izdao i živio sto, ili čak tisuću beznačajnih godina. Imamo samo jedno opredjeljenje. Molim te pomozi mi prevladati snagu smrti tako da ne osramotim Gospoda tako da si poštedim vlastiti život."

Ovo je ispovijed velečasnog Ki-Chol Chu, koji je bio mučen nakon što se odbio pokloniti japanskom svetištu. Njegovu priču možemo pronaći u knjizi, *Više od osvajača: Priča o mučeništvu velečasnog Ki-Chol Chu*. Bez straha od mačeva i puški, velečasni Ki-Chol Chu predao je svoj život da bi poslušao Božju zapovijed ne klanjati se nikakvim idolima.

„Ne pravo sebi idola ili ga slavi"

Kao kršćanima, naša je dužnost voljeti i slaviti Boga, samo Boga. Zbog toga nam je Bog dao kao prvu zapovijed, „Nemaj drugih bogova uz Mene." I onda da bi strogo zabranio idolopoklonstvo, On nam je dao drugu zapovijed, „Ne pravi sebi idola. Ne padaj ničice pred njima i ne klanjaj se njima."

Na prvi pogled, može ti se činiti da su prva i druga zapovijed iste. Ali one su razdvojene jer imaju različita duhovna značenja. Prva zapovijed nas upozorava protiv politeizma i govori nam da slavimo i volimo samo jednog pravog Boga.

Druga zapovijed je lekcija protiv slavljenja lažnih idola i to je također lekcija o blagoslovima koje ćemo primiti kada slavimo i volimo Boga. Pogledajmo pobliže što znači riječi „idol."

Fizička definicija „idola"

Riječ „idol" se može objasniti na dva načina; fizički idol i duhovni idol. Prvo, u fizičkom smislu, „idol" je „slika ili materijalni objekt koji je stvoren da bi predstavljao boga koji nema fizički oblik na kojeg bi se slavljenje moglo odnositi."

Drugim riječima, idol može biti sve: drvo, kamen, slika osobe, sisavci, insekti, ptice, morska stvorenja, sunce, mjesec, zvijezde na nebu, ili nešto što je stvorila ljudska mašta koje može biti od čelika, srebra, zlata ili bilo čega što postoji koje osoba može predstaviti direktnu počast ili slavu.

Ali idol kojeg je čovjek napravio nema života, pa ti nitko ne može ni odgovoriti, niti ti dati blagoslove. Ako ljudi, koji su stvoreni prema Božjem liku, stvaraju drugu sliku sa svojim rukama i slave ju, traže blagoslove, kako se to budalasto i smiješno čini?

U Izaiji 46:6-7 kaže, *„Prosipaju zlato iz kese, mjere srebro na mjerila. Pogađaju zlatara, da iz toga načini boga, kojega štuju, pred kojim padaju na koljena. Dižu ga na pleća, nose* *ga, spuštaju ga dolje, stoji tiho na svojemu mjestu. Ne miče se s mjesta svojega. Zazovu li ga: ne odgovara, nikoga ne izbavlja iz nevolje njegove."*

Ne samo da se Sveto Pismo odnosi prema stvaranju i slavljenju idola; nego se također odnosi prema vjerovanju u privjeske protiv loše sreće ili nošenju žrtvenih prava ili klanjanju prema mrtvima. Čak i ljudsko vjerovanje u praznovjerne stvari i prakticiranje čarobnjaštva pada u tu kategoriju. Ljudi misle da privjesci tjeraju poteškoće i donose dobru sreću, ali to nije istina. Duhovni ljudi mogu vidjeti da su mrak i zli duhovi zapravo privučeni na mjesta gdje su privjesci i idoli, u konačnici donose katastrofe i iskušenja ljudima koji ih posjeduju. Osim živog Boga, nema drugog boga koji može donijeti prave blagoslove ljudima. Drugi bogovi su zapravo izvor katastrofa i kletvi.

Zašto onda ljudi stvaraju idole i slave ih? Zato što imaju sklonost zadovoljiti se sa stvarima koje mogu fizički vidjeti, osjetiti i dodirnuti.

Mi to možemo vidjeti tu ljudsku psihu na Izraelcima nakon što su napustili Egipat. Kada su zazivali Boga o svojim bolovima i mukama od 400 godina ropstva, Bog je postavio Mojsija kao njihovog vođu za njihov izlazak iz Egipta, i On im je pokazao sve vrste znakova i čuda tako da su oni mogli imati vjere u Njega.

Kada ih je faraon odbio pustiti, Bog je poslao deset pošasti na Egipta. I kada je Crveno more blokiralo Izraelski put, Bog je podijelio more na pola. Čak i nakon što su iskusili ta čuda, dok je Mojsije bio na planini četrdeset dana da bi primio Deset Zapovijedi, njegovi su ljudi bili nestrpljivi i stvorili su idola za službu. Jer je Božji sluga Mojsije otišao iz njihovog vida, oni su željeli stvoriti nešto što su mogli vidjeti i slaviti. Oni su stvorili zlatno tele i zvali ga bogom koji ih je do sada vodio. Oni su mu čak prinosili žrtve, pili, jeli i plesali pred njim. Taj incident je prouzrokovao velik Božji gnjev na Izraelce.

Jer je Bog duh, ljudi Ga ne mogu vidjeti sa svojim fizičkim očima, ili stvoriti fizički oblik koji će Ga predstavljati. Zbog toga mi nikad ne bismo trebali stvoriti idola i zvati ga „bog." I također ga nikad ne bismo trebali slaviti.

U Ponovljenom zakonu 4:23 kaže, „*Zato se čuvajte, da ne zaboravite zavjeta Gospoda, Boga svojega, što ga on sklopi s vama, i da ne pravite sebi rezana lika u obliku bilo čega, što ti je zabranio Gospod, Bog tvoj.*" Slaviti nekakav beživotni, nemoćni idol umjesto Boga, pravog Stvoritelja, čini više štete nego dobrog za čovjeka.

Primjeri idolopoklonstva

Neki vjernici padaju u zamku idolopoklonstva bez da to znaju. Na primjer, neki se ljudi klanjaju pred slikom Isusa, ili kipom Djevice Marije, ili nekog drugog prethodnika vjere.

Velik broj ljudi može misliti da to nije idolopoklonstvo, ali to je oblik idolopoklonstva koje Bog ne voli. Ovdje je dobar primjer: mnogi ljudi zovi Djevicu Mariju „Svetom Majkom." Ali ako proučavaš Bibliju, vidjet ćeš da je to potpuno pogrešno.

Isus je začet sa Duhom Svetim, ne sa spermom i jajetom čovjeka i žene. Prema tome, mi ne možemo zvati Djevicu Mariju „majkom." Na primjer, današnja tehnologija dopušta da doktori stave muškarčevu spermu i žensko jaje u moderni stroj da bi se izvršila umjetna oplodnja. To ne znači da mi možemo zvati stroj „majka" ili da je dijete rođeno kroz taj proces.

Isus, koji je sama priroda Boga Oca, je začet sa Duhom Svetim i rođen je kroz tijelo Djevice Marije tako da je On mogao doći u ovaj svijet sa fizičkim tijelom. Zbog toga je Isus zvao Djevicu Mariju „ženo," ne „majko" (Po Ivanu 2:4; 19:26). U Bibliji, kada se Marija odnosi kao Gospodova „majka," to je zbog toga što je to zapisano iz točke gledišta učenika koji su pisali Bibliju.

Točno prije Svoje smrti, Isus je rekao Ivanu, „Pogledaj, svoju majku!" odnoseći se na Mariju. Ovdje, Isus je pitao Ivana da se brine o Mariji kao na svoju majku (Po Ivanu 19:27). Isus je to zatražio zato što je On pokušao utješiti Mariju, jer je On razumio tugu u njenom srcu, jer Ga je ona služila od trenutka kada je On začet Duhom Svetim, do trenutka kad je On odrastao sa Božjom moći i postao neovisan od nje.

Usprkos tomu, pogrešno se klanjati kipu Djevice Marije.

Prije nekoliko godina dok sam posjećivao zemlju Bliskog istoka, utjecajna osoba me pozvala i pokazala mi interesantan sag tijekom našeg razgovora. To je bio neprocjenjiv, rukom napravljen sag kojeg je trebalo godinama raditi. Na njemu je bila slika crnog Isusa. Iz tog primjera, mi možemo vidjeti da čak i slika Isusa nije dosljedna, koja ovisi o tome tko je autor ili kipar. Prema tome, ako se mi klanjamo ili molimo toj slici, mi ćemo činiti idolopoklonstvo, koje je nezamislivo.

Što se smatra „idolom" a što ne?

S vremena na vrijeme postoje neki koji su previše oprezni i oni raspravljaju da je „križ" koji se pronalazi u crkvama tip idola. Međutim, križ nije idol. To je simbol evanđelja u koje kršćani vjeruju. Razlog zašto vjernici gledaju na križ je da bi se prisjetili svete krvi Isusove koja je prolivena za grijeh čovječanstva i milost Boga koji nam je dao evanđelje. Križ nije objekt službe niti idol.

Isti je slučaj sa slikama Isusa kako drži janje, ili Posljednja večera, ili druga skulptura gdje umjetnik samo želi izraziti misao. Slika Isusa kako drži janje pokazuje da je On dobar pastir. Umjetnik nije stvorio tu sliku da bi ona postala objekt službe. Ali ako ju netko slavi, ili joj se klanja, ona postaje idol.

Postoje slučajevi gdje ljudi kažu, „Tijekom vremena Starog zavjeta, Mojsije je napravio idol." Oni se odnose na događaje gdje su Izraelci prigovarali protiv Boga pa su ih na kraju izgrizle otrovne zmije u pustinji. Kada su mnogi umirali nakon što ih je ugrizla otrovna zmija, Mojsije je napravio brončanu zmiju i stavio ju na stup. Oni koji su slušali riječ Boga i pogledali na brončanu zmiju su preživjeli, a oni koji nisu pogledali su umrli.

Bog nije rekao Mojsiju da stvori brončanu zmiju da bi ju ljudi mogli slaviti. On je htio pokazati ljudima ilustraciju Isusa Krista, koji će ih doći jedan dan spasiti od kletve pod kojom su, prema duhovnim zakonima.

Ti ljudi, koji su slušali Boga i gledali na brončanu zmiju, nisu umrli zbog svojih grijeha. Isto tako, te duše koje vjeruju da je Isus Krist umro na križu zbog njihovih grijeha i prihvate Ga kao svojeg Spasitelja i Gospoda neće umrijeti zbog svojih grijeha, nego će radije imati vječan život.

U 2. Kraljevima 18:4 kaže da dok je šesnaesti kralj Judeje, Ezekija, uništavao sve idole u Izraelu, *„On razbi mjedenu zmiju, koju je bio načinio Mojsije; do njegova vremena bili su joj naime Izraelci prinosili kad. Zvali su je Nehuštan."* To još jednom podsjeća ljude da iako je brončana zmija stvorena prema Božjoj zapovijedi, ona nikad ne smije postati objekt idolopoklonstva, jer to nije Božja namjera za nju.

Duhovno značenje „idola"

Uz dodatak razumijevanja riječi „idol" u fizičkom smislu, mi ju također trebamo razumijeti u duhovnom smislu. Duhovna definicija „idolopoklonstva" je „sve što osoba voli više od Boga." Idolopoklonstvo nije samo ograničeno klanjanjem pred sliku Bude ili klanjanjem mrtvim precima.

Ako mi iz naše vlastite sebične želje volimo naše roditelj, muža, ženu, ili čak našu djecu više od Boga, u duhovnom smislu, mi pretvaramo one koje volimo u „idole." I ako mislimo jako visoko o sebi i volimo sebe, mi sebe pretvaramo u idola.

Naravno to ne znači da mi trebamo voljeti samo Boga i ne voljeti nikoga drugog. Na primjer, Bog govori Svojoj djeci da je njihova dužnost voljeti svoje roditelje u istini. On im također zapovijeda, „Poštuj oca i majku." Međutim, ako nas ljubav za naše roditelje dovodi do točke udaljavanja od istine, onda mi volimo naše roditelje više od Boga i prema tome pretvorili smo ih u „idole."

Iako su naši roditelji rodili naša fizička tijela, jer je Bog stvorio spermu i jaje, ili sjeme života, Bog je Otac našeg duha. Pretpostavimo da neki roditelj ne kršćanin ne odobrava što njegova djeca idu u crkvu nedjeljom. Ako njihovo dijete, koji je kršćanin, ne ide u crkvu da bi udovoljio svojim roditeljima, onda on voli svoje roditelje više od Boga. To ne samo da žalosti Božje srce, nego također znači da dijete stvarno ne voli svoje roditelje.

Ako stvarno voliš nekog, ti ćeš željeti da se ta osoba spasi i dobije vječan život. To je istinska ljubav. Pa ispred sveg drugog, ti bi trebao držati Gospodov dan svetim, trebao bi se moliti za svoje roditelje i dijeliti evanđelje sa njima što je brže moguće. Samo se tako može reći da ti imaš pravu ljubav i poštovanje prema njima.

I obrnuto. Kao roditelj, ako ti stvarno voliš svoju djecu, ti bi prvo trebao voljeti Boga i onda voljeti svoju djecu unutar Božje ljubavi. Bez obzira koliko prevrijedno tvoje dijete može biti za tebe, ti ga ne možeš štiti od neprijatelja vraga i Sotone sa svojom ograničenom ljudskom moći. Ti ih ne možeš zaštiti ni od slučajnih nezgoda, niti izliječiti bolesti koje su nepoznate modernoj medicini.

Ali kada roditelj slavi Boga i povjeri svoju djecu u Božje ruke i voli ih unutar Božje ljubavi, Bog će štiti njihovu djecu. On im neće dati samo duhovnu ili fizičku snagu, nego će ih On blagosloviti tako da budu uspješni u svim dijelovima svojih života.

Isti je slučaj sa ljubavi između muža i žene. Par koji nije svjestan Božje prave ljubavi će se moći voljeti samo sa tjelesnom ljubavi. Oni će tražiti svoju korist svo vrijeme i prema tome svađati će se međusobno. I tijekom vremena, njihova ljubav će se možda i promijeniti.

Međutim, kada se par voli unutar Božje ljubavi, oni će se moći voljeti i sa duhovnom ljubavi. U tom slučaju, par neće postati ljut ili uvredljiv jedan prema drugome i oni neće pokušavati zadovoljiti svoje sebične želje. Radije, oni će dijeliti ljubav koja je nemijenjajuća, ispravna i prekrasna.

Voljeti nešto ili nego više od Boga

Samo kada smo mi unutar Božje ljubavi i prvo volimo Boga Oca, mi možemo voljeti druge sa pravom ljubavi. Zato nam Bog govori, „Voli Boga svoga prvo," i „Nemaj drugih bogova uz mene." Ali nakon što ovo čuje, ako ti kažeš, „Išao sam u crkvu i oni su mi rekli da volim Boga i da ne volim članove svoje obitelji," onda si ti jako pogrešno shvatio duhovnu interpretaciju Njegovih zapovijedi.

Ako ti kao vjernik kršiš Božje zapovijedi ili radiš kompromise sa svijetom da bi zaradio materijalno bogatstvo, slavu, znanje ili moć i prema tome zastraniš sa puta istine, ti radiš za sebe idola, u duhovnom smislu.

Postoje ljudi koji ne drže Gospodov dan svetim ili ne daju svoju desetinu jer vole bogatstvo više od Boga, unatoč činjenici da je Bog obećao blagosloviti one koji daju desetinu.

Često, tinejdžeri objese sliku svojeg omiljenog pjevača, glumca, atletičara ili instrumentalista u svoju sobu, ili rade oznake od njihovih slika, ili čak nose njihove slike u svojim džepovima da bi držali svoje omiljene zvijezde blizu svojeg srca. Postoje vremena kada ti tinejdžeri vole te ljude više od Boga.

Naravno ti možeš voljeti i poštovati glumce, glumice, atletičare, itd. koji su jako dobri u tome što rade. Ali ako ti voliš i cijeniš stvari koje su od ovog svijeta do točke svojeg udaljavanja od Boga, Bog neće biti zadovoljan. U dodatku, mlada djeca koja izliju svo svoje srce u određenu igračku ili video igre mogu također završiti čineći te stvari svojim „idolima."

Božja ljubomora iz ljubavi

Nakon što nam je dao snažnu zapovijed protiv idolopoklonstva, Bog nam govori o blagoslovima za one koji Ga slušaju i ukore za one koji Ga ne slušaju.

> „Ne padaj ničice pred njima i ne klanjaj se njima; jer ja, Gospod, Bog tvoj, jesam Bog revnitelj, koji kazni zlodjela otaca na djeci, na unučadi i praunučadi onih, koji me mrze, a milosrđe iskazuje do u tisućno koljeno onima, koji me ljube i drže zapovijedi moje" (Izlazak 20:5-6).

Kada Bog kaže da je on „ljubomoran Bog" u stihu pet,

On ne misli da je On „ljubomoran" na isti način na koji ljudi postaju ljubomorni. Jer u stvarnosti, ljubomora nije dio Božjeg karaktera. Bog koristi riječ „ljubomora" da bi mi mogli lakše shvatiti sa našim, ljudskim emocijama. Ljubomora koju ljudi osjećaju je iz tijela, neispravna, nečista i ona šteti ljudima koji su upleteni.

Na primjer, ako se muževa ljubav za ženu promijeni u ljubav za drugu ženu i žena se počne osjećati ljubomornom na tu drugu ženu, nagla promjena koja se događa u ženi će biti strašna. Žena će biti ispunjena sa gnjevom i mržnjom. Ona će se svađati sa svojim mužem i govoriti njegove mane svim njenim poznanicima i on može postati osramoćen. Ponekad, žena može otići drugoj ženi i tući se sa njom, ili podići tužbu protiv svojeg muža. U tom slučaju, kada žena želi da se nešto loše dogodi njenom mužu kao rezultat ljubomore, njena ljubomora nije ljubomora iz ljubavi, nego ljubomora iz mržnje.

Da je žena stvarno voljela svojeg muža sa duhovnom ljubavi, umjesto osjećaja ljubomore tijela, ona bi zagledala u sebe i pitala „Jesam li u dobrom položaju sa Bogom? Volim li ja stvarno i služim svojeg muža?" I umjesto sramoćenja svojeg muža govoreći njegove mane svima oko sebe, ona bi pitala Boga za mudrost kako ga vratiti nazad u vjernost.

Onda, kakvu vrstu ljubomore Bog osjeća? Kada mi ne služimo Bogu i ne živimo prema istini, Bog okreće svoje lice od nas, i tada se susrećemo sa iskušenjima, progonima i bolestima. Ako se to dogodi, znajući da bolest dolazi iz grijeha (po Ivanu 5:14), vjernici će se pokajati i ponovno pokušati tražiti Boga.

Kao pastor, ja sam došao do mnogih crkvenih članova koji su to iskusili s vremena na vrijeme. Na primjer, jedan crkveni član može biti dobar poslovan čovjek čiji posao cvijeta. Sa izlikom da je postao zaposleniji, on gubi svoj fokus i prestaje se moliti i činiti Božji rad. On dolazi do točke kada ne dolazi na slavljenje Boga nedjeljom.

Kao rezultat, Bog okreće Svoje lice od tog poslovnog čovjeka i njegov posao koji je cvjetao sada se suočava sa krizom. Samo tada on shvaća svoju pogrešku jer ne živi prema Božjim zapovijedima i kaje se. Bog bi radije da se njegova djeca suočavaju sa teškom situacijom kratko vrijeme i shvate Njegovu volju, postanu spašeni i hodaju pravim putem, nego da zauvijek padaju.

Ako Bog ne osjeća ovu ljubomoru iz ljubavi i umjesto toga, samo nezainteresirano promatra naše greške, mi ne bismo mogli shvatiti naše greške, nego bi i naše srce otvrdnulo, i mi bismo kontinuirano griješili, te u konačnici pali na put vječne smrti. Pa ljubomora koju Bog osjeća je ljubomora iz prave ljubavi. To je izraz Njegove velike ljubavi i želje da na obnovi i vodi nas do vječnog života.

Blagoslovi i kletve koje dolaze iz poslušnosti i neposluha prema Drugoj Zapovijedi

Bog je naš Stvoritelj i Otac koji je žrtvovao Svog jednog i jedinog Sina tako da svi ljudi mogu biti spašeni. On je također Vladar nad životima svih ljudi i želi blagosloviti one koji Ga slave.

I ne slaviti i služiti ovog Boga, nego radije pogrešne idole, znači mrziti Ga. I ljudi koji mrze Boga primaju Njegovu odmazdu, kao što je zapisano da će djeca biti kažnjena za grijehe očeva do treće i četvrte generacije (Izlazak 20:5).

Dok gledamo oko sebe, mi možemo lako vidjeti obitelji koje služe idole generacijama nastavljaju primati odmazdu. Ljudi iz tih obitelji mogu iskusiti maligne ili neizlječive bolesti, deformacije, mentalnu retardaciju, demonsku opsjednutost, suicid, financijske poteškoće i sve vrste drugih iskušenja. I ako se te katastrofe nastave do četvrte generacije, onda će obitelj biti potpuno uništena i nepopravljiva.

Ali zašto misliš da je Bog rekao da će On kazniti „treću i četvrtu generaciju" umjesto „četvrtu generaciju?" To pokazuje Božju samilost. On ostavlja mjesto za one potomke koji se pokaju i traže Boga, iako su njihovi preci možda štovali pogrešne idole i bili neprijateljski prema Bogu. Ti ljudi daju Bogu razlog za prestanak kazni protiv tog domaćinstva.

Ali za one čiji su preci bili u velikom neprijateljstvu prema

Bogu i bili su ozbiljni idolopoklonici, sakupili puno zla, oni će se susretati sa ozbiljnim poteškoćama dok pokušavaju prihvatiti Gospoda. Čak i ako prihvate, čini se kao da su povezani sa svojim precima duhovnim konopom, pa dok ne dobiju duhovnu pobjedu, oni će iskusiti mnoge poteškoće kroz svoj duhovni život. Neprijatelj vrag i Sotona će se uplitati na sve načine na koje može da bi spriječio te ljude u dobivanju vjere, da bi ih odvukao u vječnu tamu sa njim.

Međutim, ako se potomci, dok traže Božju milost, pokaju sa poniznim srcem od grijeha svojih predaka i pokušaju odbaciti grešne naravi unutar sebe, onda bez imalo sumnje, Bog će ih zaštiti. Pa u drugu ruku, kada ljudi vole Boga i drže Njegove zapovijedi, Bog blagoslivlja njihovu obitelj do 1000 generacije, dopušta im primati Njegovu milost vječno. Kada mi vidimo kako Bog kaže da će On kazniti treću i četvrtu generaciju, ali će On blagosloviti do 1000 generacije, mi jasno vidimo da nas Bog voli.

Sad to ne znači da ćeš ti automatski primiti obilne blagoslove samo zato što ti je predak bio veliki sluga Boga. Na primjer, Bog je zvao Davida „čovjekom prema Mojem srcu" i Bog je obećao blagosloviti njegove potomke (1. Kraljevima 6:12). Međutim, kako mi učimo da među Davidovom djecom, oni koji su se okrenuli od Boga nisu primili obećane blagoslove.

Kada pogledaš u kronike Izraelskih kraljeva, možeš vidjeti

da su oni kraljevi koji su služili i slavili Boga primili blagoslove koje je Bog obećao Davidu. Pod njihovim vodstvo, njihova nacija je uspijevala i cvjetala do točke da su im susjedne države davale prinose. Međutim, kraljevi koji su se okrenuli od Boga i griješili protiv Njega su iskusili mnoge poteškoće tijekom svojeg života.

Samo kada osoba voli Boga i pokušava živjeti u istini bez prljanja sa idolima ona može primiti sve blagoslove koje su njeni preci mogli prikupiti za nju.

Pa kada mi odbacimo sve duhovne i fizičke idole koje su mrske Bogu iz naših života i Njega prvog postavimo, mi ćemo također primiti obilne blagoslove koje je Bog obećao Svojim vjernim slugama u prijašnjim generacijama.

Poglavlje 4
Treća Zapovijed

„Ne izusti imena Gospodina, Boga svoga, uzalud"

Izlazak 20:7

„Ne uzimaj uzalud imena Gospoda, Boga svojega, jer Gospod neće pustiti bez kazne onoga, koji uzima ime njegovo uzalud."

Lako je vidjeti da su Izraelci stvarno cijenili Božje riječi, na način na koji su zapisane u Bibliji te čak kako se čitaju.

Prije izuma tiska, ljudi su morali rukom pisati Bibliju. I svaki puta kada je riječ „Jahve" trebalo biti zapisano, pisac bi oprao svoje tijelo nekoliko puta te bi čak pero sa kojim je pisao promijenio, jer je ime bilo tako sveto. I kad god bi pisac pogriješio, on je morao izrezati taj dio i staviti novo pisanje preko njega. Ali ako je „Jahve" pogrešno napisao, on bi počeo preispitivati sve potpuno ispočetka.

Isto tako, jedno vrijeme, kada su Izraelci čitali iz Biblije, oni nisu čitali ime „Jahve" na glas. Umjesto toga, oni su čitali kao „Adonai" što znači, „Moj Gospod" jer su smatrali da je Božje ime presveto da bi se čitalo.

Jer ime „Jahve" je ime koje predstavlja Boga, oni su vjerovali da to također predstavlja Božji veličanstveni i suveren karakter. Njima, ime je stajalo za Onog koji je Svemogući Stvoritelj.

„Ne izusti imena Gospodina, Boga svoga, uzalud"

Neki se ljudi uopće ni ne sjećaju da postoji takva zapovijed u Deset Zapovijedi. Čak i među vjernicima, postoje ljudi koji ne drže Božje ime u visokom poštovanju i oni pogrešno koriste Njegovo ime.

„Pogrešno koristiti" znači koristiti nešto na pogrešan i

neispravan način. I pogrešno koristiti Božje ime znači koristiti Božje sveto ime na neispravan, nesvet i neistinit način.

Na primjer, ako netko govori što mu je na umu i tvrdi da priča Božje riječi, ili ako on djeluje kako želi i tvrdi da djeluje prema Božjoj volji, on pogrešno koristi Njegovo ime. Koristiti Božje ime za ne isitnite zakletve, šaliti se sa Božjim imenom, itd. sve su to primjeri korištenja Božjeg imena uzalud.

Drugo uobičajeno korištenje Božjeg imena uzalud je kada se oni, koji Ga ni ne traže, suoče sa katastrofalnim situacijama i ljutito kažu, „Bog je tako ravnodušan!" ili „Ako je Bog stvarno živ, kako On može dopustiti da se to dogodi?!"

Kako nas Bog može zvati bezgrešnim ako mi, stvorenja, pogrešno koristimo ime našeg Stvoritelja, Stvoritelja koji zaslužuje svu slavu i čast? Zbog toga mi moramo slaviti Boga i pokušati živjeti u istini kontinuirano se ispitujući sa diskrecijom da bismo bili sigurno da ne pokazujemo neposluh ili nepoštovanje pred Bogom.

Pa zašto je izgovaranje Božjeg imena uzalud grijeh?

Prvo, pogrešno korištenje Božjeg imena je signal da mi ne vjerujemo u njega.

Čak i među filozofima koji tvrde da studiraju značenje života i postojanje svemira, postoje oni koji kažu, „Bog je mrtav." I postoje čak i obični ljudi koji nemarno kažu, „Bog ne postoji."

Jednom, ruski astronaut je rekao, „Bio sam u svemiru i Boga se nigdje nije moglo vidjeti." Ali kao astronaut, on bi trebao znati bolje od bilo koga drugog da područje koje je on vidio je samo mali dio širokog svemira. Kako je budalasto za astronauta reći da Bog, Stvoritelj cijelog svemira, ne postoji samo zato što nije mogao vidjeti Boga sa svojim očima unutar relativno beznačajnog dijela svemira kojeg je on posjetio!

Psalam 53:1 govori, „*Luđaci misle u sebi: 'Nema Boga.' Pokvarena su djela njihova, učiniše odurna zlodjela; nema ni jednoga, koji je činio dobro.*" Osoba koja vidi svemir sa poniznim srcem može otkriti bezbroj dokaza koji upiru na Boga Stvoritelja (Poslanica Rimljanima 1:20).

Bog daje svima šansu vjerovati u Njega. Prije Isusa Krista, u vrijeme Starog zavjeta, Bog je dodiruno srca dobrih ljudi tako da oni mogu osjetiti živog Boga. Nakon Isusa Krista, sada, u vrijeme Novog zavjeta, Bog nastavlja kucati na vrata srca ljudi na mnoge različite načine tako da Ga ljudi mogu znati.

Zbog toga dobri ljudi otvaraju svoja srca i prihvaćaju Isusa Krista i budu spašeni, bez obzira jesu li čuli evanđelje. Bog dopušta onima koji Ga iskreno traže iskusiti Njegovu prisutnost kroz snažnu impresiju na njihova srca tijekom molitve, kroz vizije ili duhovne snove.

Jednom sam čuo svjedočenje jednog od naših članova crkve i nisam si mogao pomoći nego biti začuđen. Jednu noć, ženina majka, koja je umrla zbog raka stomaka, joj je došla u snu, govoreći, „Da si srela dr. Jaerock Leea, višeg pastora Manmin centralne crkve, ja bi se oporavila...." Ta žena je već znala o Manmin centralnoj crkvi, ali kroz to iskustvo cijela njena obitelj se registrirala u crkvu i njen je sin ozdravio od epilepsije.

Postoje ljudi koji još uvijek negiraju Božji postanak, usprkos činjenici da nam On pokazuje Svoje postojanje kroz mnoge načine. To je zbog toga što je njihovo srce opako i budalasto. Ako ti ljudi nastave otvrdnjivati svoja srca protiv Boga, govoriti nemarno o Njemu bez da i vjeruju u Njega, kako ih On može nazivati bezgrešnima?

Bog, koji čak broji svaku dlaku na našim glavama, gleda svako naše djelo sa vatrenim očima. Ako ljudi vjeruju u tu činjenicu, na bilo kakav način oni ne bi pogrešno koristili Božje ime. Neki se ljudi čine kao da vjeruju, ali jer oni ne vjeruju iz centra njihovih srca, oni uzalud govore Njegovo ime. Sve to postaje grijeh pred Bogom.

Drugo, pogrešno korištenje Božjeg imena znači zanemarivati Boga.

Ako mi zanemarimo Boga, to znači da Ga mi ne poštujemo. Ako se mi usudimo ne poštovati Boga, Stvoritelja, mi ne možemo reći da smo bez grijeha.

Psalam 96:4 govori: *"Jer je velik Gospod, hvale dostojan veoma, strašniji je od svih bogova."* U 1. poslanici Timoteju 6:16 kaže, *"[Bog] jedini ima besmrtnost i prebiva u svjetlosti, kojoj se ne može pristupiti; kojega nitko od ljudi nije vidio, a niti može vidjeti Kojemu čast i vlast vječna! Amen."*

Izlazak 33:20 govori: *"Lica mojega ne možeš ugledati; jer ni jedan čovjek ne može me vidjeti i ostati živ."* Bog Stvoritelj je tako velik i moćan da mi, stvorenja, ne možemo s nepoštovanjem gledati na Njega kad god želimo.

Zbog toga su u starim vremenima, ljudi sa dobrom savjesti, iako nisu znali Boga, odnosili su se prema nebu sa riječima poštovanja. Na primjer, u Koreji, ljudi su koristili oblik poštovanja, kada su pričali o nebu ili vremenu, da bi pokazali poštovanje prema Stvoritelju. Oni možda nisu znali o GOSPODU Bogu, ali oni su znali da svemogući Stvoritelj svemira šalje sve stvari kada im treba, kao kišu, sa neba iznad. Pa su Mu oni željeli pokazati poštovanje sa svojim riječima.

Većina ljudi koristi riječi poštovanja i ne koristi pogrešno imena svojih roditelja ili ljudi koje stvarno poštuju iz svojeg srca. Pa ako mi pričamo o Bogu Stvoritelju svemira i Davatelju života, ne bismo li se trebali odnositi prema Njemu sa najsvetijim stavom i riječima od najvećeg poštovanja?

Nažalost, postoje neki ljudi danas koji se nazivaju vjernicima ali ipak ne pokazuju poštovanje Bogu, a kamoli da uzimaju

Njegovo ime ozbiljno. Na primjer, oni se šale koristeći Božje ime ili citiraju riječi iz Biblije na nemaran način. Budući da Biblija kaže, *„Riječ bijaše Bog,"* (Po Ivanu 1:1) ako mi ne poštujemo riječi Biblije, to je kao nepoštivanje Boga.

Drugi način nepoštivanja Boga je laganje sa Njegovim imenom. Primjer toga bi bio ako osoba priča o nečem što je sama smislila sa svojim umom i kaže, „To je glas Boga," ili „To je nešto što Duh Sveti vodi." Ako mi smatramo koristiti ime starije osobe na ne ispravan način kao nemarno i neuljudno, kako bismo se trebali paziti kada koristimo Bože ime na taj način?

Svemogući Bog zna srca i misli svih živih bića kao dlan Svoje ruke. I On zna da li je svako njihovo djelo motivirano sa zlom ili dobrim. Sa očima kao vatrom, Bog gleda život svake osobe i On će suditi svaku osobu prema njihovim djelima. Ako osoba u to stvarno vjeruje, ona sigurno neće pogrešno koristiti Božje ime ili počiniti grijeh drskosti prema Njemu.

Još jednu stvar bismo trebali zapamtiti da ljudi koji stvarno vole Boga ne bi trebali biti oprezni samo kada koriste Božje ime, nego također kada rade sve stvari koje su povezane sa Njim. Ljudi koji stvarno vole Boga također se ponašaju prema crkvenoj zgradi i crkvenom imanju još bolje nego prema svojem. I oni su jako pažljivi kada koriste novac koji pripada crkvi, bez obzira koliko mala količina bila.

Ako slučajno pokidaš šalicu, zrcalo, ili prozor na crkvi, hoćeš li se pretvarati da se to nikad nije dogodilo i zaboraviti to? Bez obzira koliko su to male stvari, stvari koje su posebno odvojene za Boga i Njegovo svećeništvo se nikad ne smiju zanemarivati ili pogrešno koristiti.

Također trebamo paziti da ne sudimo ili omalovažavamo osobu Boga, ili događaj kojeg Duh Sveti vodi, jer su oni direktno povezani sa Bogom.

Iako je Saul činio mnoga zla protiv David i bio mu je velika prijetnja, David je poštedio Saulov život do kraja, iz jednog razloga jer je Saul bio kralj kojeg je Bog pomazao (1. Samuelova 26:23). Isto tako, osoba koja voli i poštuje Boga mora jako paziti kada radi sa svime što je povezano sa Bogom.

Treće, pogrešno korištenje Božjeg imena znači lagati sa Njegovim imenom.

Ako pogledaš na Stari zavjet, postoje neki lažni proroci koji su utkani u povijest Izraela. Ti lažni proroci su bunili ljude dajući im informacije koje su oni tvrdili da su od Boga ali zapravo nisu.

U Ponovljenom zakonu 18:20 Bog daje strogo upozorenje protiv takvih ljudi. On kaže, *„A prorok, koji se usudi govoriti što u ime moje, što mu nijesam naložio da govori, i koji govori u ime drugih bogova: takav prorok neka se pogubi!"* Ako netko koristiti laži koristeći Božje ime, kazna za njihova djela je smrt.

Otkrivenje 21:8 govori, *„A strašljivima, i nevjernima i nečistima, i ubojicama i bludnicima, i vračarima i idolopoklonicima i svima lašcima, njima je dio u jezeru, što gori ognjem i sumporom. To je smrt druga."*

Ako postoji druga smrti, to znači da postoji prva smrt. To se odnosi na ljude koji umiru u ovom svijetu bez vjerovanja u Boga. Ti ljudi će otići u Donji grob, gdje će primati bolne kazne zbog svojih grijeha. U drugu ruku, oni koji su spašeni će biti kao kraljevi tisuću godina tijekom Milenijskog kraljevstva na ovoj zemlji nakon susreta sa Gospodom Isusom Kristom u zraku tijekom Njegova drugog dolaska.

Nakon Milenijskog kraljevstva, biti će Sud Velikog Bijelog Trona gdje će se suditi svim ljudima i primiti će ili duhovne nagrade ili kazne, ovisno i njihovim djelima. U to vrijeme, te duše koje nisu spašene će također biti uskrsnute da bi primile sud, i svaka, prema težini njihovih grijeha, će ući ili u jezero vatre ili gorućeg sumpora. To se također zove druga smrt.

Biblija kaže da će svi lažljivci iskusiti drugu smrt. Ovdje, lažljivci se odnosi na svakog tko koristi ime Boga. To nije ograničeno samo na lažne proroke; nego također na one ljude koji se zaklinju sa Božjim imenom i prekrše zakletvu, pošto je to isto kao laganje sa Njegovim imenom i prema tome to je pogrešno korištenje Njegova imena. U Levitskom zakoniku 19:12 Bog govori, *„Ne kunite se krivo imenom mojim i ne skvrnite tako* *imena Božjega! Ja sam Gospod!"*

Ali postoje vjernici koji nekada lažu koristeći Božje ime. Na primjer, oni mogu reći, „Dok sam se molio, čuo sam glas Duha Svetog. Vjerujem da je to Bog učinio," iako Bog nije imao ništa sa tim. Ili, oni mogu vidjeti da se nešto događa, te čak i ako nisu sigurni, oni govore, „Bog je to napravio." To je uredu ako je to zapravo Božji rad, ali postaje problem kada to nije rad Duha Svetog i oni to samo ih navike govore.

Naravno kao dijete Boga mi bismo uvijek trebali slušati glas Duha Svetog i primati Njegovo vodstvo. Ali je važno znati da samo zato što si ti spašeno dijete Boga, to ne znači da ti možeš uvijek čuti glas Duha Svetog. Prema tome koliko se osoba ispraznila od grijeha i postala ispunjena sa istinom, ona će moći čuti glas Duha Svetog još jasnije. I ako osoba ne živi u istini i radi kompromise sa svijetom, ona može jasno čuti glas Duha Svetog.

Ako je netko pun neistina, hvalisavo i razmetljivo označava proizvode svojeg tjelesnog razmišljanja kao djela Duha Svetog, on ne laže samo pred drugim ljudima; on također laže pred Bogom. Čak i ako je on stvarno čuo glas Duha Svetog, dok on ne čuje Njegov glas 100 posto, trebao bi biti potpuno diskretan. Prema tome mi se moramo suzdržati od nemarnog prozivanja nečeg kao rad Duha Svetog i mi bismo također uzimati takve tvrdnje sa velikim oprezom.

Isto se pravilo primjenjuje na snove, vizije i druga duhovna iskustva. Neke snove Bog daje, ali neki snovi se mogu dogoditi kao rezultat snažne želje ili brige osobe. I neki snovi čak mogu biti rad Sotone, tako da nitko ne smije skočiti i reći, „Taj san mi je Bog poslao," jer bi to bilo neispravno reći pred Bogom.

Postoje vremena kada ljudi krive Boga za iskušenja i poteškoće koje im je Sotona donio kao rezultat njihovih grijeha. I postoje vremena kad ljudi nemarno stavljaju Božje ime na stvari iz navike. Kada se čini da stvari idu njihovim putem, oni kažu, „Bog me blagoslovio." Onda kad poteškoće dođu, oni govore, „Oh, Bog je zatvorio ta vraga." Neki mogu dati ispovijed vjere, ali je važno znati da postoji velika razlika između ispovijedi koja je oblik čistog srca i ispovijedi koja dolazi iz lakomislenog i hvalisavog srca.

Mudre izreke 3:6 govore, *„Misli na njega na svim putovima svojim; i on će ti ravnati staze."* Ali to ne znači uvijek označavati sve sa Božjim svetim imenom. Radije, netko tko prihvaća Boga na svim svojim načinima će pokušavati živjeti u istini svo vrijeme i prema tome biti oprezniji u korištenju Božjeg imena. I kad ga treba koristiti, on će to činiti sa vjernim i diskretnim srcem.

Prema tome, ako ne želimo počiniti grijeh pogrešnog korištenja Božjeg imena, mi bismo trebali pokušavati meditirati na Njegovu riječ dan i noć, biti oprezni u molitvi i biti ispunjeni sa Duhom Svetim. Samo tada ćemo mi moći jasno čuti glas Duha Svetog i djelovati u pravednosti, prema Njegovom vodstvu.

Uvijek Ga duboko poštovati, budi smatran plemenitim

Bog je točan i pedantan. Pa svaka riječ koju On koristi u Bibliji je ispravna i odgovarajuća. Kada pogledaš kako se On odnosi prema vjernicima, ti možeš vidjeti da Bog koristi baš prave riječi za svaku situaciju. Na primjer, zvati nekoga „Brate" i zvati nekoga „Ljubljeni" nosi potpuno različit ton i značenje. Nekada Bog govori za svoje ljude, „Očevi," ili „Mladi ljudi," ili „Djeco," itd, koristi ispravne riječi koje nose baš točnu definiciju, ovisno o slušateljevoj mjeri vjere (1. poslanica Korinćanima 1:10; 1. Ivanova poslanica 2:12-13, 3:21-22).

Isto se primjenjuje na imena za Sveto Trojstvo. Mi vidimo brojne varijacije imena koje se koriste za Trojstvo: GOSPOD, Bog, Jahve, Bog Otac, Mesija, Gospod Isus, Isus Krist, Janje, Duh Gospoda, Duh Boga, Sveti Duh, Duh svetosti, Duh Sveti, Duh (Postanak 2:4; 1. Ljetopis 28:12; Psalam 104:30; Po Ivanu 1:41; Poslanica Rimljanima 1:4).

Posebno u Novom zavjetu, prije vremena kad je Isus Krist preuzeo križ, Njega su zvali, „Isus, Učitelj, Sin Čovjeka," ali nakon što je On umro i uskrsnuo, Njega su zvali, „Isus Krist, Gospod Isus Krist, Isus Krist Nazarećanin" (1. poslanica Timoteju 6:14; Djela apostolska 3:6).

Prije nego je on razapet, On još nije ispunio Svoju misiju kao Spasitelj, pa su Ga zvali „Isus," što znači, „Onaj koji će spasiti

Svoje ljude od njihovih grijeha" (Po Mateju 1:21). Ali nakon što je On ispunio Svoju misiju, Njega su zvali „Krist" što nosi značenje „Spasitelj."

Bog, koji je savršen, također želi da smo mi jasni i savršeni sa našim riječima i djelima. Prema tome kad god mi govorimo Božje sveto ime, mi ga moramo izraziti još jasnije. Zato Bog govori u kasnijem dijelu 1. Samuelove 2:30, „*Jer tko mene časti, toga častim ja. A tko mene prezire, taj ima pasti u sramotu.*"

Pa ako mi Boga imamo u velikom poštovanju iz centra našeg srca, mi nikad nećemo napraviti grešku pogrešnog korištenja Njegovog imena i mi ćemo Ga se bojati svo vrijeme. Pa ja se molim da ti možeš uvijek biti na oprezu u molitvama i paziti sa svojim srcem, tako da tvoj život daje slavu Bogu.

Poglavlje 5

Četvrta Zapovijed

— ∽∾ —

„Sjeti se subotnoga dana, drži ga svetim"

Izlazak 20:8-11

„Sjeti se subotnoga dana, drži ga svetim Šest dana radi i obavljaj sve poslove svoje. Ali sedmi dan jest subota, dan odmora u čast Gospodu, Bogu tvojemu. Tad ne smiješ raditi nikakva posla, ni ti ni sin tvoj ili kći tvoja, ni sluga tvoj ni sluškinja tvoja ni stoka tvoja ni stranac, koji boravi kod tebe unutar vrata tvojih. Jer u šest dana stvori Gospod nebo i zemlju, more i sve, što je u njima, ali sedmi dan otpočinu on. Zato je Gospod blagoslovio i posvetio subotni dan."

Ako prihvatiš Krista i postaneš dijete Boga, prva stvar koju trebaš učiniti je slaviti Boga svaku nedjelju i davati cijelu desetinu. Davanje svoje cijele desetine i prinosa pokazuje tvoju vjeru u Božji autoritet nad svim fizičkim i materijalnim stvarima, a držanje Šabata svetim pokazuje tvoju vjeru u Božji autoritet nad svim duhovnim stvarima (Vidi Ezekijel 20:11-12).

Kada ti djeluješ vjerom, prema Božjem duhovnom i fizičkom autoritetu, ti ćeš primiti Božju zaštitu od bolesti, iskušenja i nevolja. Prinosi desetine ćemo raspraviti u detalje u poglavlju 8, pa će fokus ovog poglavlja biti posebno na držanju Šabata svetim.

Zašto je nedjelja postala dan Šabata

Dan odmora koji je posvećen Bogu se zove dan „Šabata." To je proizašlo od Boga, Stvoritelja, kada je On stvorio svemir i čovjeka u šest dana i odmarao se sedmi dan (Postanak 2:1-3). Bog je blagoslovio taj dan i posvetio ga, govoreći čovjeku da se i on odmara taj dan.

U vrijeme Starog zavjeta, Šabat je bio subotom. I čak i danas, Židovi drže subotu kao Šabat. Ali kako smo ušli u vrijeme Novog zavjeta, nedjelja je postala dana Šabata i mi smo ju počeli nazivati „Gospodov dan." Po Ivanu 1:17 govori, *„Po Mojsiju bio je dan zakon, po Isusu Kristu dođe milost i istina."* I po Mateju 12:8 govori, *„Jer je Sin čovječji gospodar subote."* To se stvarno i dogodilo.

Zašto se, onda, dan Šabata promijenio sa subote na nedjelju? To je zbog toga što dan kada se svo čovječanstvo može istinski odmoriti kroz Isusa Krista nedjelja.

Zbog neposluha prvog čovjeka, Adama, svo čovječanstvo je poslalo roblje grijeha i nisu imali pravi Šabat. Čovjek je mogao jesti samo preko svojeg rada, morao je patiti i iskusiti suze tuge, bolesti i smrti. Zbog toga je Isus došao na ovaj svijet u obliku ljudskog tijela i bio je razapet, da bi platio za grijehe svog čovječanstva. On je umro i uskrsnuo treći dan, osvajajući smrti i postao je prvi plod uskrsnuća.

Isus je razriješio problem grijeha i dao pravi Šabat cijelom čovječanstvu, rano ujutro u nedjelju, prvi dan nakon Šabata. Iz tog je razloga, u vrijeme Novog zavjeta, nedjelja – dan kada je Isus Krist upotpunio način spasenja za sve čovječanstvo – postala dan Šabata.

Isus Krist, Gospod Šabata

Gospodovi su učenici također odredili nedjelju kao dan Šabata, shvaćajući duhovno značenje dana Šabata. Djela apostolska 20:7 govore, *„A u prvi dan sedmice, kad se skupismo da lomimo kruh,"* i 1. poslanica Korinćanima 16:2 govori, *„Svaki* *prvi dan sedmice neka svaki od vas ostavlja kod sebe i skuplja, koliko može, da ne bivaju skupljanja tada, kad dođem."*

Bog je znao da će se ta promjena dana Šabata dogoditi pa je u Starom zavjetu aludirao na to kada je On rekao Mojsiju, *"Kaži sinovima Izraelom ovu odredbu: Kad dođete u zemlju, koju vam hoću dati, i tamo stanete žeti, tada donesite snop prvina od žetve svoje k svećeniku. Ovaj ima tada snop žrtvovati podizanjem i mahanjem pred Gospodom, da vas učini ugodne, Na dan po suboti ima ga svećenik žrtvovati podizanjem i mahanjem. Taj dan, kad žrtvujete snop podizanjem i mahanjem, imate žrtvovati Gospodu jednogodišnje janje bez pogrješke kao žrtvu paljenicu"* (Levitski zakonik 23:10-12).

Bog je rekao Izraelcima da jednom kad uđu u zemlju Kaanan, oni će žrtvovati prvo ubrano žito na dan nakon Šabata. Prvo ubrano žito simbolizira Gospoda koji je postao prvi plod uskrsnuća. I jednogodišnje janje bez mana također simbolizira Isusa Krista, Jaganjca Božjeg.

Ti stihovi pokazuju da će na nedjelju, dan nakon Šabata, Isus, koji je postao prinos mira i prvi plod uskrsnuća, dati uskrsnuće i pravi Šabat svima koji vjeruju u Njega.

Iz tog je razloga, nedjelja, dan kada je Isus Krist uskrsnuo, postala dan pravog veselja i zahvalnosti; dan kada je novi život začet i put vječnog života je otvoren; dan kada se pravi Šabat mogao dogoditi.

„Sjeti se subotnoga dana, drži ga svetim"

Pa zašto je Bog učinio dan Šabata svetim i zašto On govori svojim ljudima da ga drže svetim?

To je zbog toga što, iako mi živimo u tjelesnom svijetu, Bog želi da se mi također sjećamo duhovnog svijeta. On želi da mi imamo nade za stvari koje nisu samo kvarljive stvari ovog svijeta. On želi da se mi sjećamo Gospodara i Stvoritelja svemira i da imamo nade u pravi i vječni Šabat Njegova kraljevstva.

Izlazak poglavlje 20 stih 9-10 govori, *„Šest dana radi i obavljaj sve poslove svoje. Ali sedmi dan jest subota, dan odmora u čast Gospodu, Bogu tvojemu. Tad ne smiješ raditi nikakva posla, ni ti ni sin tvoj ili kći tvoja, ni sluga tvoj ni sluškinja tvoja ni stoka tvoja ni stranac, koji boravi kod tebe unutar vrata tvojih."* To znači da nitko ne bi trebao raditi na dan Šabata. To uključuje tebe, tvoje sluge, tvoje životinje i bilo kakvog posjetitelja u tvojoj kući.

Zbog toga ortodoksnim Židovima nije dopušteno pripremanje hrane, pomicanje teških stvari ili dugačko putovanje tijekom Šabata. To je zbog toga što se sve te aktivnosti smatraju radom i prema tome nisu u skladu sa pravilima Šabata. Međutim, ta su ograničenja napravili ljudi i predaju se sa jednog starješine na slijedećeg; prema tome to nisu Božja pravila.

Na primjer, kada su Židovi tražili razlog za Isusovu optužbu, oni su vidjeli čovjeka sa osušenom rukom i pitali su Isusa, „Je li zakonito ozdravljati na dan Šabata?" Oni su čak smatrali ozdravljivanje bolesne osobe na dan Šabata kao „rad" i prema tome nezakonito.

Na to Isus im govori, *„Ako jednome od vas u subotu njegova jedina ovca upadne u jamu, neće li je on prihvatiti i izvaditi? A koliko je čovjek vredniji od ovce! Dakle se smije u subotu dobro činiti"* (Po Mateju 12:11-12).

Držati Šabat onako kako Bog govori nije jednostavno suzdržavanje od bilo kakvog posla. Kada se nevjernici odmaraju od posla i ostanu kući, ili odu uživati u rekreacijskim aktivnostima, to je fizički odmor od posla. To se ne smatra „šabatom," jer nam to ne daje pravi život. Mi prvo moramo razumjeti duhovno značenje „Šabata," da bismo ga mogli držati svetim i biti blagoslovljeni, na način koji je Bog smislio za nas.

Bog želi za nas da se ne odmaramo fizički, nego duhovno. Izaija 58:13-14, nam objašnjava da na dan Šabata, ljudi se trebaju suzdržavati od toga da čine što god žele, idu svojim putem, govore prazne riječi ili uživaju u radostima svijeta. Umjesto toga, oni trebaju držati taj dan svetim.

Na dan Šabata, osoba se ne smije zapetljati u događaje svijeta, nego ići uz crkvu, koja je tijelo Gospoda; uzimati kruh života, što je riječ Bog; prijateljevati sa Gospodom kroz molitvu i hvalu; i imati duhovni odmor u Gospodu. Kroz prijateljstvo vjernici dijele Božju milost međusobno i pomažu izgraditi međusobnu vjeru. Kada se mi tako duhovno odmaramo, Bog sazrijeva našu vjeru i čini da naša duša uspijeva.

Pa što onda, točno mi trebamo držati na dan Šabata svetim?

Prvo, mi moramo željeti blagoslove dana Šabata i pripremiti se biti čiste lađe.

Dan Šabata je dan koji je Bog odvodio kao svet i to je radostan dan kada mi možemo primiti Božje blagoslove. Drugi dio Izlaska 20:11 kaže, *„Zato je Gospod blagoslovio i posvetio subotni dan"* i Izaija 58:13 kaže, *„Subotu prozoveš milinom, a sveti dan Gospodnji poštovanja dostojnim i stim ga slaviš."*

Čak i danas, pošto Izraelci drže subotu kao dan Šabata, kao u vrijeme Starog zavjeta, oni se počinju pripremati za Šabat dan ranije. Oni pripremaju svu hranu i ako rade dalje od kuće, oni će se pripremiti za požuriti kući ne kasnije od petka navečer.
Mi isto tako, moramo pripremiti naša srca za Šabat prije nedjelje. Svaki tjedan, mi uvijek trebamo biti budni u molitvi prije nego nedjelja dođe i pokušavati živjeti u istini svo vrijeme tako da ne bismo podigli nikakvu barijeru grijeha između Boga i nas.

Pa držanjem dana Šabata svetim ne znači davati Bogu samo taj jedan dan. To znači živjeti cijeli tjedan prema Božjim riječima. I prema tome, ako smo učinili nešto preko tjedna što nije prihvatljivo Bogu, mi bismo se trebali pokajati i pripremiti za nedjelju sa čistim srcem.

I kad dođe služba nedjeljom, mi trebamo doći pred Boga sa zahvalnim srcem. Mi trebamo doći pred Njega sa radosnim i srcem punim prihvaćanja, kao mlada koja čeka svojeg mladoženju. Sa takvim stavom, mi se možemo tjelesno pripremiti tako da se okupamo, možda čak odemo brijaču ili u salon da bi smo izgledali uredno i čisto.

Mi bismo čak mogli počistiti našu kuću. Također bismo trebali imati urednu i čistu odjeću izabranu prije vremena, koju ćemo nositi u crkvu. Ne bismo se trebali uplitati u nikakve svjetovne stvari kasno subotom i prenositi ih na nedjelju. Trebali bismo se suzdržavati od aktivnosti koje bi nas mogle sprječavati od službe koju prinosimo Bogu na nedjelju. Isto tako, trebamo pokušati štiti naša srca protiv iritacija, ljutnje, ili uzrujanosti, tako da možemo služiti Boga u duhu i istini.

Pa sa uzbuđenim i nježnim srcem, mi trebamo očekivati nedjelju i pripremiti se biti lađe koje su vrijedne primanja Božje milosti. To će nam omogućiti iskustvo duhovnog Šabata u Gospodu.

Drugo, trebali bismo dati sav dan nedjelju Bogu.

Čak i među vjernicima, postoje ljudi koji daju Bogu samo jednu službu nedjeljom ujutro i onda preskoče večernju službu. Oni to čine da bi se ili odmorili, zbog rekreacijskih aktivnosti, ili da bi riješili nekakav posao. Ako mi stvarno želimo ispravno držati Šabat svetim sa srcem strahopoštovanja prema Bogu, mi moramo držati cijeli dan svetim. Razlog zašto preskačemo popodnevnu službu da bismo činili razne stvari je taj što dopuštamo da naša srca slijede želje tijela i tada mi progonimo svjetovne stvari.

Sa tom vrstom stava, jako je lako postati zbunjen sa drugim mislima tijekom jutarnje službe. Pa čak i ako smo došli u crkvu, mi nećemo moći dati Bogu pravu službu. Tijekom službe, naš um može biti ispunjen sa mislima kao što su, „Ići ću kući i odmoriti se čim služba završi," ili „Ooh, zar neće biti zabavno vidjeti prijatelje nakon crkve," ili „Moram se požuriti i otvoriti trgovinu čim ovo završi." Sve te vrste misli će ulaziti i izlaziti iz našeg uma i mi se nećemo moći fokusirati na poruku, ili ćemo postati pospani i umorni tijekom službi.

Naravno za nove vjernike, pošto je njihova vjera mlada, oni se mogu lagano zbuniti, ili jer su fizički jako umorni, onda mogu postati pospani. Jer Bog zna svačiju mjeru vjere i gleda na centar svačijeg srca, On će biti milostiv prema njima. Ali ako netko tko ima popriličnu mjeru vjere često postaje zbunjen i spava tijekom službi, on pokazuje veliko nepoštovanje prema Bogu.

Držanje Šabata svetim ne znači samo biti fizički unutar crkve nedjeljom. To znači držati centar našeg srca i našu pozornost fokusiranu na Boga. Samo tada mi možemo ispravno služiti

Boga cijeli dan nedjeljom u duhu i istini, i On će radosno primiti ugodnu aromu naših srca u službi.

Da bismo držali Šabat svetim, isto tako je važno kako provodimo sate izvan službe nedjeljom. Ne bismo trebali misliti, „Jer sam bio na službi, ja sam učinio što sam morao." Nakon službe, trebamo se povezati sa drugim vjernicima i služiti Božjem kraljevstvu čisteći crkvu, ili upravljati prometom na crkvenom parkiralištu, ili na neki drugi način volontirati.

I nakon što dan završi i mi se odemo kući odmoriti, mi bismo se trebali suzdržati od rekreacijskih aktivnosti čija je jedina svrha ugoditi sebi. Umjesto toga, mi bismo trebali meditirati na poruku koju smo čuli taj dan, ili provesti vrijeme pričajući i dijeliti sa našom obitelji Božju milost i istinu. Bila bi dobra ideja držati televizor ugašen, ali ako ćemo ga gledati, trebali bismo pokušati izbjegavati gledati vrstu programa koja će nas potaknuti tražiti svjetovne užitke. Umjesto toga tražiti programe koji su cijeli, čisti i još bolje od toga, bazirani na vjeri.

Kada mi pokazujemo Bogu da mi pokušavamo najbolje što možemo ugoditi Mu, čak i sa malim stvarima, Bog, koji gleda na centar srca svakog od nas, će primiti našu službu sa radosti, ispuniti nas sa punoćom Duha Svetog i blagosloviti nas tako da možemo imati pravi mir.

Treće, ne bismo trebali činiti svjetovni posao.

Nehemija, guverner Izraela pod kraljem Artakserksom, kraljem Perzije, shvaćao je Božju volju, nije samo izgradio zidove grada Jeruzalema nego je također bio siguran da ljudi drže Šabat svetim.

Zbog toga je on zabranio rad ili prodaju na dan Šabata i on je čak otjerao ljude koji su spavali izvan gradskih zidova koji su čekali tamo poslovati nakon dana Šabata.

U Nehemiji 13:17-18, Nehemija upozorava svoje ljude, *„Što činite toliko zlo, te skvrnite subotu? Nijesu li to činili oci naši, i nije li Bog nas pustio na nas i na ovaj grad sve ovo zlo?"* Ono što Nehemija govori je da posao na dan Šabata krši Šabat i potiče Božji gnjev.

Tko god prekrši Šabat ne prihvaća Božji autoritet i ne vjeruje u Njegovo obećanje da će blagosloviti one koji drže dan Šabata svetim. Zbog toga ih Bog, koji je pravedan, ne može zaštiti, i katastrofa sigurno pada na njih.

Bog i danas zapovijeda istu stvar od nas. On nam govori da teško radimo šest dana i onda se odmorimo na sedmi dan. I ako se mi sjetimo Šabata tako da ga držimo svetim, onda nam Bog neće dati samo dovoljno profita koliko bismo zaradili radeći sedmi dan, nego će nas On blagosloviti do točke da se naše „skladište" preljeva.

Ako pogledaš Izlazak poglavlje 16, dok je Bog dao Izraelcima manu i prepelice svaki dan, na šesti dan, On je dao duple porcije koje je On slao drugih dana, tako da se oni mogu pripremiti za Šabat. Među Izraelcima, bilo je nekih koji, zbog sebičnosti, su išli skupljati manu na dan Šabata, ali su se vraćali praznih ruku.

Isti se duhovni zakon primjenjuje na nas i danas. Ako dijete Boga ne drži Šabat svetim i odluči raditi na dan Šabata, on može požeti kratkotrajni profit, ali na dužem putu, iz nekog razloga, on će iskusiti dugotrajni gubitak.

Istina o toj stvari je, iako se čini da zarađuješ u to vrijeme, bez Božje zaštite, tebi je zagarantirano iskusiti neku vrstu nepredviđene nevolje. Na primjer, ti možeš iskusiti nesreću, postati bolestan itd. što će ti u konačnici biti veći gubitak i na kraju će biti više od bilo kakvog profita kojeg si napravio.

U suprotnom, ako se sjetiš držati Šabat svetim, Bog će paziti na tebe ostatak tjedna i voditi te prema uspjehu. Duh Sveti će te štiti Svojim stupovima vatre i štiti će te od bolesti. On će blagosloviti tebe i tvoj posao, tvoje radno mjesto i gdje god ti išao.

Zbog toga je Bog napravio tu zapovijed jednom od Deset Zapovijedi. On je čak uspostavio ozbiljnu kaznu, kamenovanje ljudi koji su uhvaćeni u radu tijekom Šabata, tako da Njegovi ljudi zapamte i nikad ne zaborave važnost Šabata i da ne idu putem vječne smrti (Brojevi poglavlje 15).

Od trenutka kada sam prihvatio Krista u svoj život, ja sam se pobrinuo sjetiti se držati Šabat svetim. Prije nego sam zasadio našu crkvu, ja sam vodio knjižaru. Nedjeljom, mnogi su ljudi došli u trgovinu da bi posudili ili vratili knjige. I svaki put kad bi se to dogodilo, ja sam rekao, „Danas je Gospodov dan, pa je trgovina zatvorena," i nisam radio taj dan. Kao rezultat, umjesto da sam iskusio gubitak, Bog je zapravo izlio mnoge blagoslove šest dana kada sam radio, tako da nikad ne bih ni pomislio raditi nedjeljom ikad više!

Kada je rad ili posao dopušten na dan Šabata

Kada pogledaš u Bibliju, postoje slučajevi kada je rad ili posao na dan Šabata dopušten. Postoje slučajevi kada je rad potreban za obavljanje Gospodovog rada ili za dobre radove, kao što su spašavanje ljudskih života.

Po Mateju 12:5-8 kaže, „*Ili nijeste li čitali u zakonu, da svećenici u hramu u subotu ruše počinak subotni pa su bez krivnje? A ja vam kažem: Ovdje je više nego hram. Kad biste ipak razumjeli riječ: 'Milosrđe hoću, a ne žrtvu, onda ne biste osuđivali nedužnih. Jer je Sin čovječji gospodar subote.'*"

Kada svećenik ubija životinje za žrtvu paljenicu na dan Šabata, to se ne smatra radom. Pa bilo kakav rad napravljen za Gospoda na Gospodov dan se ne smatra kršenjem Šabata, budući da je On Gospod Šabata.

Na primjer, ako crkva želi dati jelo zboru i učiteljima jer teško rade za crkvu cijeli dan, ali crkva nema kafeteriju ili ispravne uvjete za to, onda je dopustivo da crkva kupi hranu za njih negdje drugdje. To je zato što je Gospod Šabata Isus Krist i kupovina hrane u tom slučaju je za izvršavanje Gospodovog rada. Naravno da bi bilo idealnije ako bi se hrana mogla pripremati unutar crkve.

Kada su knjižnice otvorene nedjeljom unutar crkve, to se ne smatra prekršajem Šabata jer stvari koje prodaje crkvena knjižnica nisu stvari koje se smatraju stvarima svijeta nego samo stvari koje daju život vjernicima u Gospoda. Tu spadaju, Biblija, Hvalospjevi, zapisi propovijedi i druge stvari vezane uz crkvu. Isto tako, automati za prodaju i kantine unutar crkve su također dopuštene jer one pomažu vjernicima u crkvi na dan Šabata. Profit od tih prodaja se koristi za pomaganje misija i dobrotvornih organizacija, tako da se to razlikuje od profita od sekularnih prodaja koje idu van crkve.

Bog ne smatra neke vrste rada na Šabat kao prekršaj Šabata kao što su poslovi u vojsci, policiji, bolnicama itd. Ti su poslovi koji se rade za zaštitu ljudi i za činiti dobra djela. Međutim, čak i ako spadaš u tu kategoriju, ti bi se trebao fokusirati na Boga, čak i ako to znači samo u svojem srcu. Tvoje srce bi trebalo biti voljno obratiti se tvojem nadređenom da bi promijenio tvoj slobodan dan, ako je to moguće, da bi mogao držati Šabat.

Što je sa vjernicima koji imaju vjenčanja nedjeljom? Ako oni tvrde da vjeruju u Boga i onda imaju vjenčanje na Gospodov dan, to pokazuje da je njihova vjera mlada. Ali ako odluče imati vjenčanje nedjeljom i nitko iz njihove crkve ne dođe na vjenčanje, oni se mogu osjetiti uvrijeđeno i skliznuti sa njihova hoda vjere. Pa u tom slučaju, crkveni članovi mogu ići na vjenčanje nakon nedjeljne službe.

To je zato da bismo pokazali obzir za osobe koje se žene i da bi spriječili povredu osjećaja i njihovo sklizanje sa vjere. Međutim, nakon ceremonije za tebe nije prihvatljivo ostati na prijemu koji je zamišljen da gosti uživaju.

Osim tih slučajeva, može biti još mnogo pitanja o Šabatu. Ali, jednom kada počneš shvaćati Božje srce ti ćeš lako naći odgovore na ta pitanja. Kada odbaciš svo zlo iz svojeg srca, ti ćeš moći slaviti Boga sa svim svojim srcem. Možeš djelovati iz iskrene ljubavi prema drugim dušama umjesto da im sudiš sa pravilima i propisima koje je čovjek uspostavio kao saduceji i farizeji. Možeš uživati u pravom Šabatu u Gospodu bez oskvrnuća Gospodovog dana. Onda ćeš ti znati Gospodovu volju u svim situacijama. Ti ćeš znati što činiti sa vodstvom Duha Svetog i uvijek ćeš moći uživati slobodu tako da ćeš živjeti u istini.

Bog je ljubav, pa ako Njegova djeca slušaju Njegove zapovijedi i čine što je Njemu ugodno, On će im dati sve što pitaju (1. Ivanova poslanica 3:21-22). On nas neće samo obasipati sa Svojom milosti, nego će nas On također blagosloviti tako da možemo biti uspješni u svim dijelovima našeg života. Na kraju naših života On će nas voditi do najboljeg mjesta prebivanja na nebu.

On je zbog toga pripremio nebo za nas, baš kao što mlada i mladoženja dijele ljubav i sreću zajedno, mi možemo dijeliti ljubav i sreću vječno na nebu sa našim Gospodom. To je pravi Šabat koji Bog ima pripremljenog za nas. Pa ja se molim da će tvoja vjera sazrjeti i postati veća sa svakim danom koji prolazi, dok se ti prisjećaš Šabata tako da ga držiš potpunim i svetim.

Poglavlje 6
Peta Zapovijed

„Poštuj oca svojega
i mater svoju..."

Izlazak 20:12

„Poštuj oca svojega i mater svoju, da dugo živiš u zemlji; koju će ti dati Gospod, Bog tvoj!"

Jedne hladne noći, kada su ulice Koreje bile pune patnji izbjeglica zbog uništenja tijekom Korejskog rata, bila je žena koja se spremala roditi. Ona je trebala preći još puno milja prije dolaska na svoje odredište, ali kako su njeni trudovi postajali snažniji i učestaliji, ona se oprezno spustila pod napušteni most. Ležeći na hladnom, smrznutom tlu, ona je trpila bolove poroda sama i donijela na svijet malo dijete. Onda je pokrila dijete koje je pokriveno sa krvi svojom odjećom i držala ga na prsima.

Nekoliko trenutaka kasnije, američki vojnik koji je prolazio pored mosta čuj je bebin plač. On je slijedio plač, popeo se pod most i pronašao mrtvu, smrznutu i golu ženu koja pokriva bebu koja plače umotana u slojeve odjeće. Kao žena u ovoj priči, roditelji vole svoju djecu do točke kada im je lako i nesebično dati svoj život za njih. Onda kako misliš koliko je veća Božja bezuvjetna ljubav za nas?

„Poštuj oca svojega i mater svoju..."

„Poštovati oca i majku" znači slušati volju svojih roditelja i služiti ih sa iskrenim poštovanjem i ljubaznosti. Naši su nas roditelji rodili, oni su nas odgojili. Da naši roditelji ne postoje, onda ne bismo ni mi postojali. Pa čak i ako Bog nije dao tu zapovijed kao jednu od Deset Zapovijedi, ljudi sa dobrim srcima bi svejedno poštovali svoje roditelje.

Bog nam daje tu zapovijedi, „Poštuj oca i majku," jer kao što je On spomenuo u Poslanici Efežanima 6:1, „*Djeco! Slušajte svoje roditelje u Gospodinu, jer je ovo pravo,*" On želi da mi poštujemo naše roditelje prema Njegovoj riječi. Ako se dogodi da ti prekršiš Božju riječ da bi udovoljio svojim roditeljima, onda to nije pravo poštovanje svojih roditelja.

Na primjer, ako si baš krenuo ići u crkvu na nedjelju i tvoji roditelji kažu, „Nemoj ići u crkvu danas. Imamo obiteljsko vrijeme," onda što bi ti trebao napraviti? Ako ti poslušaš svoje roditelje da bi im udovoljio, to nije pravo poštovanje. To je prekršaj Šabata i ideš prema vječnoj tami zajedno sa svojim roditeljima.

Čak i ako im služiš dobro u tijelu, pošto je to, duhovno, put u vječni pakao, kako ti možeš reći da stvarno voliš svoje roditelje? Prvo moraš djelovati prema Božjoj volji i onda pokušavati pokrenuti srca svojih roditelja tako da možete skupa ići na nebo. To znači stvarno ih poštovati.

2. Ljetopisa 15:16 kaže, „*Kralj Asa dapače svoju mater Maaku svrgnu s njezina mjesta, jer je bila aštarti podigla lik idolski, Asa sruši idola njezina, izlomi ga i spali u dolini kidronskoj.*"

Ako kraljica naroda štuje idole, ona je neprijateljska prema Bogu i hoda prema vječnom prokletstvu. Ne samo to, ona ugrožava svoje podanike tako da i oni čine djela idolopoklonstva i padaju u isto vječno prokletstvo zajedno sa njom. Zbog toga, iako je Maaka bila njegova majka, Asa joj nije pokušao udovoljiti tako da ju sluša, nego ju je uklonio sa njenog mjesta kraljice majke tako da bi se ona mogla pokajati od svojih grešaka pred Bogom i da bi se ljudi mogli probuditi i učiniti isto.

Ali uklanjanje majke sa pozicije kraljice majke ne znači da je dužnost kralja Ase kao njenog sina završila. Koliko god je on volio njenu dušu, on ju je nastavio poštovati i slaviti kao svoju majku.

Da bismo rekli, „Ja stvarno poštujem svoje roditelje," mi moramo pomoći nevjerničkim roditeljima primiti spasenje i otići na nebo. Ako su naši roditelji stvarno vjernici, mi im moramo pomoći ući u bolje mjesto prebivanja na nebu. U isto vrijeme, mi bismo im trebali pokušati služiti i udovoljiti ih koliko god je moguće unutar Božje istine, dok živimo ovdje na zemlji.

Bog je otac našeg duha

„Poštuj oca i majku" u konačnici znači isto kao „Slušaj Božje zapovijedi i poštuj Ga." Ako netko stvarno poštuje Boga iz dubine svojeg srca, on će također poštovati svoje roditelje. I isto tako, ako netko iskreno služi svojim roditeljima, on će također iskreno služiti Boga. Ali istina o stvari je, prioritet je, Bog treba doći prvi.

Na primjer, u mnogim kulturama ako otac kaže svojem sinu, „Idi na istok," onda će sin poslušati i otići na istok. Ali u to doba, njegov djed kaže, „Ne, nemoj ići na istok. Idi na zapad." Onda je točnije za sina reći svojem ocu, „Djed mi je rekao da idem na zapad," i onda otići na zapad.

Ako otac stvarno poštuje svojeg oca, on se neće naljutiti samo zato što je njego sin poslušao svojeg djeda umjesto njega. To djelo slušanja starješine, prema njihovom generacijskom nivou, također se primjenjuje na našu vezu sa Bogom.

Bog je Onaj koji je stvorio i dao život našem ocu, djeci i svim našim precima. Osoba je stvorena unijom sperme i jajeta. Ali Onaj koji daje čovjeku osnovno sjeme života je Bog.

Naša vidljiva tijela nisu ništa više nego trenutni šator koji koristimo kratko vrijeme koje živimo ovdje na ovoj zemlji. Nakon Boga, pravi gospodar svakog od nas je duh unutar nas. Bez obzira koliko je pametno i obrazovano čovječanstvo postalo, nitko ne može klonirati čovjekov duh. I čak i ako je čovjek u mogućnosti klonirati čovjekovu ćeliju i stvoriti čovjekov oblik, osim ako Bog ne da tom obliku duh, mi ne možemo zvati taj oblik ljudskim bićem.

Prema tome, pravi Otac našeg duha je Bog. Znajući tu činjenicu, mi bismo trebali činiti najbolje što možemo služiti i poštovati naše fizičke roditelje, ali mi bismo trebali voljeti, služiti i poštovati Boga još više, jer je On izvor i davatelj samog života.

Pa roditelj koji to razumije neće nikad misliti, „Ja sam rodio svoje dijete, i mogu s njim činiti što želim." Kao što je zapisano u Psalmu 127:3 *„Eto, sinovi su dar od Gospoda; nagrada njegova jesu djeca,"* roditelj sa vjerom će smatrati svoje dijete Bogom dan poduhvat i prevrijednu dušu koja bi trebala biti njegovana prema Božjoj volji a ne našoj vlastitoj.

Kako poštovati Boga, Oca našeg duha

Onda što bismo trebali činiti da bi poštovali Boga, Oca našeg duha?

Ako ti stvarno poštuješ svoje roditelje, ti bi ih trebao slušati i pokušavati im donostiti radost i ugodu njihovim srcima. Na isti način, ako ti stvarno želiš poštovati Boga, ti bi Ga trebao voljeti i slušati Njegove zapovijedi.

Kako što je zapisano u 1. Ivanovoj poslanici 5:3, *„Jer je ovo ljubav Božja, da zapovijedi njegove držimo, i zapovijedi njegove nijesu teške,"* ako ti stvarno voliš Boga, onda bi slušanje Njegovih zapovijedi trebalo biti ugodno.

Zapovijedi Boga su unutar riječi zapisane u šezdeset i šest knjiga Biblije. Prvenstveno, to su riječi kao, „Ljubav, oprost, stvaranje mira, služba, molitva," itd. gdje nam Bog govori da činimo nešto i onda postoje riječi kao, „Ne mrzi, ne osuđuj, ne budi uobražen," itd. gdje nam Bog govori da ne činimo nešto. Također postoje riječi kao, „Odbaci čak i sam oblik grijeha," itd.

gdje nam Bog govori da odbacimo nešto iz naših života, i riječi kao „Drži Šabat svetim," itd. gdje nam Bog govori da držimo nešto.

Samo kada mi djelujemo prema zapovijedima koje su zapisane u Bibliji i postanemo ugodna aroma Bogu kao kršćani, mi možemo reći da stvarno poštujemo Boga Oca.

Lako je vidjeti ljude koji vole i poštuju Boga, također vole i poštuju svoje fizičke roditelje. To je zato što Božje zapovijedi već uključuju poštovanje naših roditelja i ljubav prema našoj braći.

Postoji li šansa da ti voliš Boga i činiš najbolje što možeš služiti Ga u crkvi, ali zanemaruješ svoje roditelje kod kuće na bilo koji način? Jesi li ikad ponizan i ljubazan ispred svoje braće i sestara u crkvi ali s vremena na vrijeme postaješ grub i uvredljiv prema svojoj obitelj kod kuće? Suprotstavljaš li se svojim starijim roditeljima sa riječima i djelima koje pokazuju frustraciju govoreći da njihove riječi nemaju smisla?

Naravno da mogu postojati vremena kada ti i tvoj roditelji imate suprotna mišljenja zbog razlike u generaciji, izobrazbi ili kulturi. Međutim, mi bismo se uvijek trebali truditi prvo poštovati mišljenja naših roditelja. Iako mi možemo biti upravu, sve dok se njihovo mišljenje ne protivi Bibliji, mi bismo se trebali prikloniti njihovom mišljenju.

Ne bismo trebali nikad zaboraviti poštovati naše roditelje shvaćajući da mi možemo živjeti i sazrijeti zbog njihove ljubavi i požrtvovnosti. Neki ljudi mogu osjećati kao da njihovi roditelji nikad nisu učinili ništa za njih i teško im je poštovati ih. Međutim, čak i ako neki roditelji nisu bili vjerni prema svojim odgovornostima kao roditelj, mi se moramo prisjetiti da štovanje roditelja koji su nas rodili je osnovna ljudska ljubaznost.

Ako ti voliš Boga, poštuj svoje roditelje

Voljeti Boga i poštovati svoje roditelje ide rukom pod ruku. 1. Ivanova poslanica 4:20-21 govori, *„Ako tko kaže: Ljubim Boga, a mrzi na brata svojega, lažac je; jer tko ne ljubi brata svojega, koga vidi, kako može ljubiti Boga, kojega ne vidi."*

Ako netko tvrdi da voli Boga ali ne voli svoje roditelje i ne živi mirno sa svojom braćom i sestrama, onda je ta osoba licemjerna i ona laže. Zato mi vidimo po Mateju 15 stih 4-9 kako Isus prekorava farizeje i pismoznance. Prema tradiciji starješina, sve dok oni daju prinos Bogu, oni se ne moraju brinuti o svojim roditeljima.

Ako netko kaže da on ne može dati nešto svojim roditeljima jer je on to dao Bogu, to ne krši samo Božju zapovijed o poštovanju svojih roditelja, nego jer on koristi Božje ime kao ispriku, jasno je da to dolazi iz zla srca; želja za uzimanjem nečega što pravedno pripada njegovim roditeljima da bi se zadovoljio. Netko tko stvarno voli i poštuje Boga iz centra svojeg srca će također voljeti i poštovati svoje roditelje.

Na primjer, ako netko tko je imao problema voljeti svoje roditelje u prošlosti shvati Božju ljubav sve više i više, on će također početi bolje razumijeti roditeljsku ljubav. Što više dođeš u istinu, odbaciš svoje grijeh i živiš prema Božjoj riječi, što više tvoje srce postane ispunjeno pravom ljubavi, ti moći više služiti i voljeti svoje roditelje kao rezultat toga.

Blagoslovi koje primaš kada slušaš Petu Zapovijed

Bog je dao obećanje onima koji vole Boga i poštuju svoje roditelje. Izlazak 20:12 kaže, *„Poštuj oca svojega i mater svoju, da dugo živiš u zemlji; koju će ti dati Gospod, Bog tvoj!"*

Taj stih ne znači jednostavno da ćeš ti imati dug život ako poštuješ svoje roditelje. To znači da koliko poštuješ Boga i poštuješ svoje roditelje u Njegovoj istini, On će te u odnosu blagosloviti sa prosperitetom i zaštitom u svim dijelovima tvojeg života. „Dug život" znači da će te Bog blagosloviti, tvoju obitelj, tvoje radno mjesto ili posao od iznenadne katastrofe tako da će tvoj život biti dug i uspješan.

Ruta, žena iz Starog zavjeta, je primila tu vrstu blagoslova. Ruta je bila nevjernica iz zemlje Moaba i gledajući na njene fizičke okolnosti, može se reći da je vodila težak život. Ona se udala za Židova koji je napustio Izrael da bi izbjegao glad. Ali ubrzo nakon što su se vjenčali, on je umro i ostavio ju bez djece.

Njen tast je već umro i nije bilo muškarca u kući koji bi se brinuo za obitelj. Jedini ljudi koji su ostali u domaćinstvu su bili njena svekrva, Neomi i muževa sestra, Oprah. Kada se njena svekrva, Neomi odlučila vratiti Judu, Ruta je brzo odlučila pratiti ju.

Neomi je pokušala nagovoriti mladu snahu da ju ostavi i krene ispočetka, sretnijim životom, ali Ruta se nije dala nagovoriti. Ruta se željela brinuti za udovu svekrvu do kraja, pa ju je ona slijedila u Judeju, zemlju koja joj je potpuno strana. Jer je ona voljela svoju svekrvu, ona je željela ispuniti svoje dužnosti kao snaja. Ona je željela brinuti se za Neomi najbolje što je mogla. Da bi to mogla napraviti, ona je bila sprema odustati od šanse pronalaska novog, sretnijeg života za sebe.

Ruta je također došla do vjere u Boga Izraela kroz svoju svekrvu. Mi možemo vidjeti njenu dirljivu ispovijed u Ruti poglavlje 1 stih 16 kroz 17.

> *Ne sili me tako, da te ostavim i da te ne slijedim dalje! Kamo ti ideš, tamo idem i ja, i gdje ti ostaneš, ondje ostajem i ja. Tvoj narod moj je narod, i tvoj Bog moj je Bog. Gdje ti umreš, umrijet ću i ja, i ondje hoću da budem i ja pokopana. Gospod neka učini s menom što hoće! Samo me smrt može rastaviti od tebe.*

Kada je Bog čuo tu ispovijed, iako je Ruta bila nevjernik, On ju je blagoslovio i učinio njen život uspješnim. Prema Židovskom običaju gdje se žena može preudati za jednog od rođaka preminuloga muža, Ruta je mogla početi novi, sretniji život sa dobrim mužem i živjeti ostatak svog života sa svojom svekrvom, koju je voljela.

Povrh toga, kroz njenu krvnu liniju je došao kralj David i Ruta također ima privilegiju dijeliti genologiju sa Spasiteljem Isusom Kristom. Kao što je Bog obećao, jer je Ruta poštovala svoje roditelje u Božjoj ljubavi, ona je primila obilne fizičke i duhovne blagoslove.

Kao Ruta, mi prvo moramo voljeti Boga i onda poštovati naše roditelje u Božjoj ljubavi i prema tome primiti sve obećane blagoslove koji su uključeni u Božje riječi, „da dugo živiš u zemlji."

Poglavlje 7
Šesta Zapovijed

„Ne ubij"

Izlazak 20:13

„Ne ubij."

Kao pastor, ja dolazim u doticaj sa mnogim crkvenim članovima. Osim normalnih službi, susrećem se sa njima kada dođu na primanje molitvi, dijele svoja svjedočanstva ili traže duhovno ohrabrenje. Da bi im pomogao narasti u vjeri, ja im često postavim ovo pitanje, „Voliš li ti Boga?"

„Da! Ja volim Boga," većina ljudi će uvjereno odgovoriti. Ali to je često jer ne razumiju pravo duhovno značenje ljubavi za Boga. Pa im ja dijelim ovaj stih, *„Jer je ovo ljubav Božja, da zapovijedi njegove držimo,"* (1. Ivanova poslanica 5:3) i objasnim duhovno značenje ljubavi za Boga. Onda kada ja ponovno pitam pitanje, većina ljudi odgovara sa manje uvjerenje drugi puta.

Jako je važno shvatiti duhovno značenje Božjih riječi. Nadalje, to je također ista stvar sa životinjama. Pa kakvo duhovno značenje nosi šesta zapovijedi?

„Ne ubij"

Ako pogledamo na Postanak poglavlje četiri, mi ćemo svjedočiti prvom ubojstvu čovječanstva. To je bio slučaj kada je Adamov sin, Kain, ubio svog mlađeg brata Abela. Zašto se takve stvari događaju?

Abel je prinio žrtvu koja je udovoljila Boga. Kain je prinio žrtvu Bogu na način koji je on smatrao ispravnim i na način koji je njemu bio najugodniji. Kada Bog nije prihvatio Kainovu žrtvu, umjesto da razmisli što je pogriješio, Kain je postao ljubomoran prema svojem bratu i postao ispunjen ljutnjom i uvrijeđenost.

Bog je znao Kainovo srce i tijekom nekoliko prilika, On je upozorio Kaina. Bog mu je rekao, *„ne vreba li tada pred vratima grijeh, kojega požeIjenje upravljeno je k tebi, ali mu ti moraš gospodar biti"* (Postanak 4:7). Ali kao što je zapisano u Postanku 4:8 *„Dok su bili na polju, nešto sporečkao, skoči Kain na brata svojega Abela i ubi ga,"* Kain nije mogao kontrolirati svoj bijes u svojem srcu i počinio je nepromjenjivi grijeh.

Iz riječi „dok su bili na polju," mi možemo pogoditi da je Kain čekao trenutak kada će biti sam sa bratom. To znači da je Kain već odlučio u svojem srcu ubiti brata i on je čekao pravu šansu. Ubojstvo koje je Kain počinio nije slučajno; to je bio rezultati nekontroliranog bijesa koji se okrenuo u djelo u jednom trenutku. To je ono što čini Kainovo ubojstvo tako velikim grijehom.

Slijedeći Kainovo ubojstvo, brojna druga ubojstva su se dogodila kroz povijest čovječanstva. I danas, jer je svijet pun grijeha, nebrojena ubojstva se događaju svaki dan. Prosječna dob kriminalca se smanjuje i tip kriminala postaje sve više zao. Ono što je danas još i gore, ubojstva koja počine roditelji nad svojom djecom i djeca gdje ubijaju roditelje nisu više toliko šokantna.

Fizičko ubojstvo: Uzimati život druge osobe

Po zakonu, postoje dvije vrste ubojstva: postoji ubojstvo prvog stupnja, gdje osoba ubija drugu osobu namjerno iz određenog razloga; i postoji drugi stupanj ubojstva, gdje osoba nenamjerno ubija drugu osobu. Ubojstvo iz zlobe ili zbog materijalne dobiti ili slučajno ubojstvo kroz nemarnu vožnju su sve tipovi ubojstva; međutim težina grijeha za svaki slučaj se razlikuju, ovisno o situaciji. Neka ubojstva se ne smatraju grijehom, kao što je prolijevanje krvi u borbi ili ubijanje zbog samoobrane.

Biblija kaže da ako osoba ubije lopova koji je ušao u kuću preko noći, to se ne smatra ubojstvo, ali ako osoba ubije lopova koji je ušao u kući preko dana, to se smatra pretjeranom samoobranom i ona bi trebala biti kažnjena. To je zbog toga što prije nekoliko tisuća godina, u vrijeme kada nam je Bog dao Svoje zakone, ljudi su mogli lako otjerati ili uhvatiti lopova uz pomoć druge osobe.

Bog smatra pretjeranu samoobranu koja uzrokuje prolijevanje krvi druge osobe grijehom u ovom slučaju, jer Bog zabranjuje nemar ljudskih prava i zlostavljanje dostojanstva života. To pokazuje Božju pravedno i nježnu prirodu (Izlazak 22:2-3).

Samoubojstvo i abortus

Osim ranije spomenutih tipova ubojstva, također postoji

slučaj „samoubojstva." „Samoubojstvo" se jasno smatra „ubojstvom" pred Bogom. Bog ima suverenitet nad životima svih ljudi i samoubojstvo je djelo negiranja tog suvereniteta. Zbog toga je samoubojstvo tako velik grijeh.

Ali ljudi čine taj grijeh jer ne vjeruju u život nakon smrti, ili oni ne vjeruju u Boga. Pa povrh toga što čine grijeh ne vjerovanja u Boga, oni također čine grijeh ubojstva. Pa zamisli kakav ih sud očekuje!

U današnje vrijeme, sa velikim povećanjem korisnika interneta, postoje česti slučajevi kada internetske stranice potiču ljudi na samoubojstvo. U Koreji, broj slučajeva smrti među ljudima u njihovim četrdesetima je rak, a drugi slučaj je samoubojstvo. To je postao ozbiljan društveni problem. Ljudi moraju shvatiti činjenicu da oni nemaju autoritet prekinuti svoje živote i samo zato što su završili svoje živote na zemlji ne znači da su problemi koje su ostaviti razriješeni.

Onda što je sa abortusom? Istina stvari je da je život djeteta u maternici pod Božjim suverenitetom, pa abortus također spada pod kategoriju ubojstva.

Danas, u vrijeme kada grijeh kontrolira tako puno ljudskih života, roditelji koji abortiraju svoju djecu čak i bez razmišljanja je grijeh. Ubojstvo druge osobe samo po sebi je veliki grijeh, ali ako roditelj uzme život svojeg djeteta, kako je to veći grijeh?

Fizičko ubojstvo je jasan grijeh, pa svaka država ima jako

stroge zakone protiv njega. To je također ozbiljan grijeh pred Bogom, pa neprijatelj vrag može donijeti sve vrste iskušenja i procesa protiv onog koji je počinio ubojstvo. Ne samo to, ozbiljan sud ih očekuje u zagrobnom životu, tako da nitko ne bi trebao počiniti grijeh ubojstva.

Duhovno ubojstvo koje šteti duhu i duši

Bog smatra fizičko ubojstvo teškim grijehom, ali On također smatra duhovno ubojstvo – koje je jednako ozbiljno – također teškim grijehom. Onda što je to duhovno ubojstvo?

Prvo, duhovno ubojstvo je kada osoba učini nešto izvan Božje istine, ili kroz riječi ili djela, i prouzroči da se druga osoba spotiče u istine.

Natjerati da se druga osoba spotiče je štetiti njenom duhu tako da ga tjeraš hodati od Božje istine.

Pretpostavimo da je mladi vjernik došao do jednog od vođa crkve na savjetovanje i on je pitao, „Da li je uredu ako propustim službu nedjeljom da bi se pobrinuo o nekom ozbiljnom poslu?" Ako ga vođa savjetuje, „Pa, ako je tako važan posao, pretpostavljam da je uredu ako propustiš službu nedjeljom," onda taj vođa čini da se mladi vjernik spotiče.

Ili pretpostavimo da netko na čelu crkvene blagajne pita, „Mogu li posuditi nešto crkvenog novca za osobnu korist? Mogu sve vratiti u nekoliko dana." Ako vođa crkve odgovori, „Ako sve vratiš u konačnici, zapravo nije bitno," onda ga vođa uči nečemu što se protivi Božjoj volji, prema tome on šteti duhu vjernika.

Ili ako vođa male grupe kaže, „Mi živimo u tako ubrzanom svijetu ovih dana. Kako se možemo često susretati?" i on uči svoje kolege vjernike da ne shvaćaju crkvene sastanke ozbiljno, on ih uči protiv Božje istine i on čini se da kolege vjernici spotiču (Poslanica Hebrejima 10:25). Kao što je zapisano *„A kad slijepac vodi slijepca, oba padnu u jamu"* (Po Mateju 15:14).

Pa učiti druge vjernike neistinitim informacija i uzrokovati ih da se spotiču od Božje istine je tip duhovnog ubojstva. Davati vjernicima pogrešne informacije može uzrokovati da oni iskuse iskušenja bez razloga. Zbog toga se crkveni vođe koji su u poziciji učenja drugih vjernika trebaju vatreno moliti pred Bogom i davati ispravne informacije, ili bi trebali prebaciti njihova pitanja na druge vođe koji mogu jasnije dati prave odgovore od Boga i voditi rastuće vjernike pravim putem.

Nadalje, govoriti stvari koje osoba ne bi trebala reći, ili govoriti zle riječi mogu pasti u kategoriju duhovnog ubojstva. Govoriti stvari koje osuđuju i sude druge, stvarati Sotoninu sinagogu sa širenjem glasina, ili stvaranje razdora među ljudima su sve primjeri provociranja mržnje drugih ljudi ili djelovanja iz zla.

Ono što je još gore je kada ljudi šire glasine o Božjem slugi, kao što su pastori, ili o crkvi. Te glasine mogu spoticati mnoge ljude i prema tome oni koji šire te glasine će zasigurno primiti sud pred Bogom.

U nekim slučajevima, mi vidimo ljude kako štete svojem duhu zbog zla u njihovim srcima. Primjeri tih tipova ljudi su Židovi koji su pokušali ubiti Isusa – iako je On djelovao u istini – ili Juda Iškariot koji je izdao Isusa tako da Ga je prodao Židovima za trideset srebrnih novčića.

Ako se netko spotakne zbog slabosti nekog drugog, ta osoba treba znati da i ona ima zla u sebi. Postoji vrijeme kada ljudi gledaju na novog kršćanina koji još nije odbacio svoje prošle načine i govore, „I on sebe zove kršćaninom? Ne idem u crkvu zbog njega." To je slučaj kada spotiču sami sebe. Nitko drugi im to nije prouzrokovao; radije oni štete sami sebi zbog svojeg zlog i osuđujućeg srca.

U nekim slučajevima, ljudi padaju od Boga nakon što postanu razočarani sa nekim koga su smatrali da je snažan kršćanin, tvrdeći da se on ponaša neistinito. Ako se oni samo fokusiraju na Boga i Gospoda Isusa Krista, oni se neće spoticati, niti će oni napustiti put spasenja.

Na primjer, postoje vremena kada ljudi postanu jamci za osobu kojoj vjeruju i koju poštuju, ali iz nekog razloga nešto krene pogrešno i jamac se susreće sa poteškoćama kao rezultat. U nekim slučajevima, mnogi ljudi postaju jako razočarani i uvrijeđeni. Kada se tako nešto dogodi, oni moraju shvatiti da ta situacija samo pokazuje da njihova vjera nije bila prava vjera i oni bi se trebali pokajati zbog svog neposluha. Oni su ti koji nisu poslušali Boga kada nam je On specifično rekao da ne budemo jamci za dugove (Mudre izreke 22:26).

I ako ti stvarno imaš dobro srce i pravu vjeru, kada vidiš slabost drugoga, ti ćeš se moliti za njega sa srcem suosjećanja i čekati da se on promijeni.

Osim toga, neki ljudi mogu postati kamen spoticanja za sebe nakon što su postali uvrijeđeni dok su slušali Božju poruku. Ako, na primjer, pastor daje propovijed o određenom grijehu, iako pastor nikad nije ni pomislio o njim, a kamo li spomenuo njihova imena, oni misle, „Pastor priča o meni! Kako to može učiniti ispred svih tih ljudi?" I onda napuste crkvu.

Ili kada pastor kaže da desetina pripada Bogu i da Bog blagoslivlja one koji daju desetinu, neki ljudi prigovaraju da crkva stavlja previše naglaska na novac. I onda kada pastor svjedoči o Božjoj moći i Njegovim čudima, neki ljudi kažu, „To mi nema smisla," i prigovaraju da poruka ne sjeda sa njihovim znanjem i edukacijom. To su sve primjeri ljudi koji su se sami uvrijedili i stvaraju sami svoj kamen spoticanja u svojim srcima.

Isus je rekao po Mateju 11:6 *„Blagoslovljen je onaj, kome ja nisam povod spoticanja,"* i po Ivanu 11:10, On je rekao, *„A tko* *ide noću, spotiče se, jer mu fali svjetlost."* Ako netko ima dobro srce i želi primiti istinu, on se neće spoticati ili padati od Boga, jer će Njegova riječ, koja je svjetlo, biti sa njim. Ako se netko spotakne preko kamena spoticanja ili postane uvrijeđen zbog nečeg, to samo dokazuje tamu koja je još uvijek u njemu.

Naravno kada osoba postane lako uvredljiva, to je znak da je ona ili slaba u svojoj vjeri ili ima tamu u svojem srcu. Ali osoba koja uvrijedi drugu osobu je također odgovorna za njegova djela. Kada osoba dostavlja poruku drugoj osobi, iako ono što ona govori je potpuna istina, ona se treba truditi dostaviti poruku mudro, na način koji se povezuje sa primateljevom razinom vjere.

Ako ti kažeš novorođenom kršćaninu koji je tek primio Duh Sveti, „Ako želiš biti spašen, prestani piti i pušiti," ili „Nikad ne bi trebao otvoriti svoju trgovinu nedjeljom," ili „Ako počiniš grijeh prestanka molitve, to će postati zid grijeha između tebe i Boga, pa se pobrini dolaziti u crkvu i moli se svaki dan," to je jednako kao da hranimo bebu mesom kada bi ju se trebalo dojiti. Čak i ako novorođeni kršćanin sluša pod pritiskom, oni će vjerojatno misliti, „Oh čovječe, biti kršćanin je jako teško," i oni će se osjećati bremenito, te prije ili kasnije, potpuno će odustati hodati sa vjerom.

Po Mateju 18:7 piše, *„Teško svijetu zbog onoga što navodi svijet na grijeh! Mora doduše tako nešto doći; ali teško onomu čovjeku, po kome to dolazi!"* Čak i ako kažeš nešto za korist druge osobe, ako to što kažeš prouzrokuje da se druga osoba uvrijedi ili se udalji od Boga, to se smatra duhovnim ubojstvom i ti ćeš se u konačnici suočavati sa iskušenjima da bi platio za taj grijeh.

Pa ako voliš Boga i ako voliš druge, ti bi trebao vježbati samokontrolu sa svakom riječi koju kažeš, tako da ćeš uvijek donositi milost i blagoslove svakom tko sluša. Čak i ako učiš nekoga u istini, ti bi trebao biti osjećajan i vidjeti što govoriš da li mu uzrokuje osjećaje progona i poteškoća na srcu ili mu daje nadu i snagu sa kojom će primijeniti učenje na svoj život, tako da svakome kome propovijedaš može hodati veličanstvenom cestom života u Isusu Kristu.

Duhovno ubojstvo mržnje drugog brata

Drugi tip duhovnog ubojstva je mržanja prema drugom bratu ili sestri u Kristu.

I rečeno je u 1. Ivanovoj Poslanici 3:15, *„Svaki, koji mrzi na brata svojega, ubojica je, i znate, da ni jedan ubojica nema u sebi vječnoga života."*

To je zato što u biti, korijen ubojstva je mržnja. Na početku, netko može mrziti drugu osobu u svojem srcu. Ali kako ta mržnja raste, može mu uzrokovati da iznosi zla djela protiv druge osobe, i na kraju, ta mržnja mu može prouzrokovati da čak počini ubojstvo. Također u Kainovom slučaju, sve je počelo kada je Kain počeo mrziti svojeg brata Abela.

Zato po Mateju 5:21-22 kažem, „*Čuli ste, da je bilo rečeno starima: Ne ubijaj! Tko ubije, bit će kriv sudu. A ja vam kažem: Svaki, koji se gnjevi na brata svojega, bit će kriv sudu. Tko rekne bratu svojemu: Budalo! bit će kriv visokomu vijeću. A tko mu rekne: Bezbožniče! bit će kriv ognju paklenomu.*"
Kada osoba mrzi drugu osobu u svojem srcu, njegom gnjev može uzrokovati boriti se sa njom. I ako se nešto dobro dogodi osobi koju ona mrzi, ona može postati ljubomorna i osuđujuća, osuđujući drugu osobu i šireći glasine o njenim manama. On ju može prevariti i uzrokovati joj štetu, ili postati neprijatelj sa njom. Mrziti drugu osobu i djelovati prema drugoj osobi iz zla su primjeri duhovnog ubojstva.

U vrijeme Starog zavjeta, jer Bog još nije poslao Duh Sveti, nije bilo lako ljudima obrezati svoje srce i postati sveti. Ali sada, u vrijeme Novog zavjeta, pošto smo mi primili Duh Sveti u naša srca, Duh Sveti nam daje moć izbaciti čak i najdublje grešne naravi.

Jedan od Trojstva, Duh Sveti je kao na detalje orijentirana majka koja nas uči o srcu Boga Oca. Duh Sveti nas uči o grijehu, pravednosti i sudu, prema tome pomaže nam živjeti u istini. Zbog toga možemo odbaciti čak i samu sliku grijeha.

Zbog toga Bog ne govori samo Svojoj djeci da nikad ne počine fizičko ubojstvo, nego nam On također govori da odbacimo korijen mržnje iz našeg srca. Samo tada mi možemo odbaciti svo zlo iz naših srca i ispuniti ga sa ljubavi, mi možemo stvarno boraviti u Božjoj ljubavi i uživati u dokazima Njegove ljubavi (1. Ivanova poslanica 4:11-12).

Kada mi volimo nekoga, ne vidimo njegove mane. I ako ta osoba ima slabost, mi suosjećamo s njim i sa srcem nade, potičemo ga i dajemo mu moć promijeniti se. Kada smo još biti grešnici, Bog nam je dao tu vrstu ljubavi tako da možemo primiti spasenje i otići na nebo.

Pa mi ne bismo samo trebali slušati Njegovu zapovijed „Ne ubij," nego bismo također trebali voljeti sve ljude – čak i naše neprijatelje – sa ljubavi Krista i primiti Božje blagoslove svo vrijeme. I na kraju, mi možemo ući na najljepše mjesto na nebu i vječno boraviti u Božjoj ljubavi.

Poglavlje 8
Sedma Zapovijed

„Ne sagriješi bludno"

Izlazak 20:14

„Ne sagriješi bludno"

Planina Vezuv, koja se nalazi u južnoj Italiji, bila je aktivan vulkan koji je izbijao paru s vremena na vrijeme, ali ljudi su mislili da to čini samo prekrasan pejsaž Pompeja.

24. kolovoza 79. poslije Krista, oko podneva, glasan potres je rastao sve jače, oblak u obliku gljive je erumpirao oko planine Vezuv i prekrio nebo preko Pompeja. Sa velikom eksplozijom, vrh planine se raspuknuo, te je rastaljeni kamen i pepel počeo padati na zemlju.

Unutar minuta, nebrojeni ljudi su umrli dok su preživjeli trčali u ocean da bi spasili svoje živote. Ali onda se dogodila najgora stvar koja se mogla dogoditi. Vjetar se pojačao i puhao protiv oceana.

Još jednom, vrućina i otrovan plin su prekrili građane Pompeja koji su preživjeli erupciju bježeći u ocean i ugušili su se.

Popmeji su bili grad pun požude i idola. Njegovi posljednji dani nas podsjećaju na gradove Sodomu i Gomoru iz Biblije, koji su iskusili Božji sud vatre. Sudbina tih gradova je jasan podsjetnik kako puno Bog mrzi požudna srca i idolopoklonstvo. To je jasno naglašeno u Deset Zapovijedi.

„Ne sagriješi bludno"

Preljub je seksualna interakcija između muškarca i žene koji nisu vjenčani međusobno. Prije puno vremena, preljub se smatrao ekstremno nemoralnim djelom. Ali što je u današnje vrijeme? Zbog razvoja računala i interneta, odrasli, a čak i djeca imaju pristup požudnim materijalima odmah pod njihovim prstima.

Etika o seksu u današnjem društvu je postala tako razorena da se senzualne ili opscene slike prikazuju na televiziji, filmovima ili čak dječjim crtićima. I hrabro otkrivanje tijela se brzo širi u modnim trendovima. Kao rezultati, pogrešno shvaćanje seksa se brzo širi.

Da bismo došli do istine o ovoj temi, prostudirajmo značenje sedme zapovijedi, „Ne sagriješi bludno," u tri faze.

Preljub u djelu

Moral današnjih ljudi je gori nego ikad prije. Toliko puno da u današnjim filmovima ili televizijskim dramama jako često je prikazana slika preljuba kao prekrasan oblik ljubavi. I u ovim danima, nevjenčani muškarci i žene lako daju svoja tijela jedni drugima i imaju pred bračni seks, misleći, „Uredu je jer ćemo se vjenčati u budućnosti." Čak i vjenčani muškarci i žene otvoreno govore da imaju veze sa drugim ljudima koji nisu njihovi supružnici. I da stvari budu gore, doba u kojoj ljudi imaju prva iskustva u seksualnoj vezi postaje sve mlađa i mlađa.

Ako pogledaš na zakone koji su postojali kada je Mojsije dobio Deset Zapovijedi, ljudi koji su počinili djelo preljuba su strogo kažnjeni. Iako je Bog ljubav, preljub je neprihvatljivo ozbiljan grijeh, i zbog toga On jasno povlači liniju i zabranjuje ga. Levitski zakonik 20:10 kaže, *„Ako netko sagriješi sa ženom udanom, sa ženom bližnjega svojega, imaju se smrću kazniti preljubočinac i preljubočinica."* I u vrijeme Novog zavjeta, djelo preljuba se smatra grijehom koji uništava tijelo i dušu i spiječava preljubnikovo spasenje.

„Ili ne znate, da nepravednici neće baštiniti kraljevstva Božjega? Ne varajte se: ni bludnici, ni idolopoklonici, ni preljubočinci, ni mekoputnici, ni muželožnici, ni kradljivci, ni lakomci, ni pijanice, ni psovači, ni razbojnici neće baštiniti kraljevstva Božjega" (1. poslanica Korinćanima 6:9-10).

Ako novi vjernik počini grijeh zbog neznanja istine, on može primiti Božju milost i primiti šansu pokajati se od svojeg grijeha. Ali ako netko tko treba biti duhovno zreo vjernik sa spoznajom Božje istine nastavi činiti tu vrstu grijeha, jako je teško za njega primiti duh pokajanja.

Levitski zakonik 20:13-16 govori o grijehu seksualne veze sa životinjom i grijeha homoseksualnih veza. U današnje doba, postoje zemlje koje legalno prihvaćaju homoseksualne veze; međutim, to je grozota pred Bogom. Neki ljudi mogu odgovoriti govoreći, „Vremena su se promijenila," ali bez obzira koliko vremena prošlo i bez obzira koliko se svijet promijenio, Božja riječ, koja je istina, se nikad ne mijenja. Prema tome, ako se netko zove dijete Boga, on se ne bi trebao kaljati slijedeći trendove ovog svijeta.

Preljub u umu

Kada Bog priča o preljubu, On ne priča jednostavno o djelima počinjenja preljuba. Vanjsko djelo počinjenja preljuba je jasan znak preljuba, ali uživanje u zamišljanju ili gledanju nemoralnih čini također spada pod kategoriju preljuba.

Požudne misli uzrokuju požudno srce; i to je slučaj počinjenja preljuba u srcu. Iako osoba ne mora učiniti ništa sa fizičkim djelima, ako, na primjer, čovjek vidi ženu i počini preljub u svojem srcu, Bog, koji gleda centar čovjekovog srca, smatra to istim kao počinjenje fizičkog preljuba.

Zapisano je po Mateju 5:27-28, *„Čuli ste, da je bilo rečeno: Ne čini preljube! A ja vam kažem: Svaki, koji pogleda na ženu požudno, već je u srcu svojemu učinio s njom preljubu."* Nakon što grešna misao uđe u osobin um, prelazi u njeno srce i pokazuje se kroz njena djela. Samo nakon što mržnja uđe u osobino srce on ili ona počinju činiti stvari koje štete nekom drugom. I samo nakon što se gnjev nakupi u srcu osobe ona ili on postanju ljuti i proklinju.

Isto tako, kada osoba ima požudne želje u svojem srcu, to lako može preći u fizički preljub. Iako nije očito, ako netko počini preljub u svojem srcu, onda je ona već počinila preljub, jer je korijen tog grijeha isti.

Jedan dan, tijekom moje prve godine u sjemeništu, ja sam bio jako šokiran nakon što sam čuo skupinu pastora kako pričaju. Do tog trenutka ja sam uvijek volio i poštovao pastore i ponašao sam se prema njima kao što sam se ponašao prema Gospodu. Ali na kraju te jako uzburkane rasprave, oni su došli do zaključka da „sve dok nije namjerno, počiniti preljub u srcu nije grijeh."

Kada nam je Bog dao zapovijed, „Ne sagriješi bludno," nije li nam On to dao jer je On znao da mi možemo poslušati? Isus je rekao, „Ja vam kažem: Svaki, koji pogleda na ženu požudno, već je u srcu svojemu učinio s njom preljubu," mi jednostavno moramo odbaciti te požudne želje. Nema se što više reći. Da, to može biti teško učiniti sa našom ljudskom snagom, ali sa molitvom i postom, mi možemo primiti snagu od Boga sa kojom ćemo lako izbaciti požudu iz naših srca.

Isus je nosio krunu od trnja i prolio je Svoju krv da bi oprao grijehe koje smo počinili sa našim mislima i umom. Bog nam je poslao Duh Sveti tako da možemo odbaciti našu grešnu narav u srcu. Onda što možemo specifično napraviti da bismo odbacili požudu iz našeg srca?

Faze odbacivanja požude iz naših srca

Pretpostavimo da prekrasna žena ili zgodan muškarac prođe pored tebe i ti misliš, „Ona je zgodna," ili „On je zgodan," „Htio bih izaći s njom," ili „Htjela bih otići na sastanak sa njim." Ne bi mnogo ljudi smatralo te misli požudnim ili bludnim. Međutim, ako netko kaže te misli i stvarno ih misli, to je onda znak požude. Da bismo odbacili čak i te naznake požude, mi moramo ići kroz proces marljive borbe protiv grijeha.

Normalno, što se više trudiš ne misliti o nečemu, to ti više dolazi na um. Nakon što vidiš sliku čovjeka i žene kako čine nemoralno djelo u filmu, slika ne napušta tvoj um. Umjesto toga, slika se nastavlja ponavljati u tvojem umu opet i opet. U ovisnosti koliko je snažna ta slika koja se urezala u tvoje srce, to više ona ostaje u tvojem pamćenju.

Onda što možemo učiniti da bismo odbacili te požudne misli iz našeg uma? Prvenstveno, mi moramo napraviti svaki napor izbjeći igre, magazine i slično, što nosi slike koje nas potiču imati požudne misli. I kad požudne misli uđu u naš um, mi bismo trebali zadržati smjer naših misli. Pretpostavimo da ti požudna misao padne na pamet. Umjesto puštanja da sazrije, ti bi trebao odmah pokušati stati na kraj toj misli.

Onda kako ti mijenjaš te vrste misli na one koje su dobre, ispravne i ugodne Bogu i ti se kontinuirano moliš, pitaš za Njegovu pomoć, On će ti sigurno dati snagu boriti se protiv tih vrsta iskušenja. Sve dok si ti voljan i moliš se sa strasti, Božja milost i moć će doći na tebe. I sa pomoći Duha Svetog, ti ćeš moći odbaciti grešne misli.

Ali važna stvar koje se trebaš sjetiti ovdje je da ti ne smiješ stati nakon jedan ili dva pokušaja. Ti se moraš kontinuirano moliti sa vjerom do kraja. To može potrajati mjesec dana, godinu dana, ili čak dvije ili tri godine. Ali koliko god dugo trajalo, ti trebaš uvijek vjerovati u Boga i kontinuirano se moliti. Tada će ti Bog dati snagu da jednog dana pobijediš i odbaciš požudu iz svojeg srca jednom i zauvijek.

Jednom kad prođeš fazu gdje možeš „Zaustaviti pogrešne misli," ti možeš ući u fazu gdje možemo „Kontrolirati svoje srce." U toj fazi, čak i ako vidiš požudne slike, ako ti odlučiš sa svojim srcem, „Bolje da ne mislim o tome," onda misli više neće ući u tvoj mozak. Preljub u srcu dolazi kroz kombinaciju misli i osjećaja i ako ti možeš kontrolirati svoje misli, onda grijeh koji dolazi iz misli neće imati šanse ući u tvoje srce.
Slijedeća faza je ona gdje se više „Nečiste misli se ne događaju." Čak i ako vidiš požudnu misao, tvoj um nije potaknut sa njom i požuda ne može ući u tvoje srce. Slijedeća faza je gdje „Ti ne možeš ni namjerno imati nečiste misli."

Jednom kad dođeš do te farme, čak i ako pokušaš imati nečiste misli, to se ne događa. Jer si iščupao taj grijeh iz korijena, čak i ako vidiš sliku koja izaziva požudu, ti neće imati misli ili osjećaja o tome. To znači da neistinite – ili bezbožne – slike više ne mogu ući u tvoj um.

Naravno dok prolaziš kroz faze izbacivanja ovog grijeha, mogu biti vremena kada ćeš misliti da si izbacio grijeh, ali grijeh se ušulja nekako u tebe.

Ali ako ti vjeruješ u Božje riječi i imaš želju slušati Njegove zapovijedi i odbaciti svoje grijehe, ti nećeš stagnirati u svojem hodu vjere. To je kao guljenje luka. Kada ti oguliš jedan ili dva sloja, može se činiti da slojevi nikad neće prestati, ali samo nekoliko slojeva kasnije, ti shvaćaš da si ogulio sve slojeve.

Vjernici koji se gledaju sa vjerom nisu razočarani, misleći, „Pokušao sam tako jako, ali još uvijek nisam u mogućnosti odbaciti tu grešnu narav." Potpuno suprotno, oni bi trebali imati vjeru da se mogu promijeniti do mjere u kojoj su odbaciti grijehe. I sa tim na umu, oni bi se trebali jače truditi. Ako shvatiš da još uvijek imaš grešnu narav, ti bi trebao biti radije zahvalan što imaš mogućnost odstraniti ju.

Ako, dok prolaziš kroz fazu odbacivanja požude iz svojeg života, požudne misli ulaze u tvoj um na sekundu, nemoj se brinuti. Bog to neće smatrati počinjenjem preljuba. Ako boraviš u toj misli i pustiš da se dalje razvije, to onda postane velik grijeh, ali ako se odmah pokaješ i nastaviš u svojim pokušajima da postaneš posvećen, Bog će pogledati na tebe sa milost i dat će ti moć imati pobjedu nad grijehom.

Počinjenje duhovnog preljuba

Počinjenje preljuba sa tijelom se tumači kao počinjenje preljuba u tijelu, ali nešto još ozbiljnije od počinjenja fizičkog preljuba je počinjenje duhovnog preljuba. „Duhovni preljub" je kada osoba tvrdi da je vjernik ali svejedno voli život više od Boga. Ako misliš o tome, osnovni razlog zbog kojeg osoba čini fizički preljub je jer on ima veću ljubav za tjelesne užitke od ljubavi za Boga u svojem srcu.

Poslanica Kološanima 3:5-6 govori, *„Umrtvite dakle udove svoje, koji su na zemlji: bludnost, nečistoću, požudu, zlu želju i lakomstvo, koje je idolopoklonstvo, Zbog kojih dolazi gnjev Božji na sinove neposluha."* To znači da čak i ako primimo Duha Svetog, iskusimo Božja čuda i imamo vjere, ako mi ne odbacimo pohlepu i ne protjeramo želje iz naših srca, ona smo mi više skloni ljubavi za stvari ovog svijeta od Boga.

Naučili smo iz druge zapovijedi da je duhovno značenje idolopoklonstva ljubav za nešto više od Boga. Onda što je razlika između „duhovnog idolopoklonstva" i „duhovnog preljuba"?

Idolopoklonstvo je kada ljudi koji ne znaju Bog stvore neku vrstu slike i slave ju. Duhovno značenje „idolopoklonstva" je kada vjernik sa slabom vjerom voli stvari svijeta više od Boga.

Jer neki novi vjernici još imaju slabu vjeru, za njih je moguće voljeti svijet više od Boga. Oni mogu imati pitanja kao, „Postoji li stvarno Bog?" ili „Postoje li stvarno nebo i pakao?" Jer još uvijek imaju sumnje, teško je za njih živjeti prema riječi. Oni još mogu voljeti novac, slavu ili svoju obitelj više od Boga i prema tome počiniti duhovno idolopoklonstvo.

Međutim, kako oni slušaju riječ sve više i više, te kako se oni mole i iskuse Boga koji odgovara na njihove molitve, oni počinju shvaćati da Biblija je istinita. I onda oni mogu vjerovati da nebo i pakao stvarno postoje. Posljedično, oni počnu shvaćati razlog zašto oni stvarno prvo i najistaknutije trebaju ljubav Boga. Ako njihova vjera tako raste i oni još nastave voljeti i progoniti stvari svijeta, onda oni čine „duhovni preljub."

Recimo za primjer, postoji čovjek koji je imao jednostavnu misao, „Bilo bi lijepo oženiti se za tu ženu," i ta je žena udata za drugog čovjeka. U tom slučaju, mi ne možemo reći da je žena počinila preljub. Jer čovjek koji ima željnu misao ima samo simpatiju prema njoj i žena nema veze s tim čovjekom, mi ne možemo reći da je ona počinila preljub. Da budemo točniji, ta žena je bila samo idol u srcu čovjeka.

U suprotnom, ako se muškarac i žena sastaju, potvrde svoju ljubav, ožene se i onda žena ima nemoralnu vezu sa drugim muškarcem, to bi se smatralo počinjenjem preljuba. Pa sa tim ti možeš vidjeti da duhovno idolopoklonstvo i počinjenje duhovnog preljuba se može činiti slično, ali to su zapravo jako različite stvari.

Veza između Izraelaca i Boga

Biblija uporeduje vezu između Izraelaca i Boga sa vezom između oca i njegove djece. Ta veza se također uspoređuje sa onom između muža i žene. To je zbog toga što je njihova veza kao ona od para koji je napravio zavjet ljubavi. Međutim, ako pogledamo na povijest Izraela, postoje mnoga vremena kada su ljudi Izraela zaboravili za taj zavjet i služili stranim bogovima.

Nevjernici služe idolima jer oni ne znaju Boga, ali Izraelci, unatoč činjenici da su znali jako dobro o Bogu od početka, slave stranog idola zbog svojih sebičnih želja.

Zbog toga u 1. Ljetopisa 5:25 piše, *„Ali su bili nevjerni Bogu otaca svojih i činili su idolsku službu naroda one zemlje, koje je Bog bio istrijebio ispred njih,"* znači da je Izraelsko idolopoklonstvo, zapravo, bilo duhovni preljub.

Jeremija 3:8 piše, *„A ona je i vidjela, da sam odmetnicu Izraela upravo zato, jer je činila zlo, odbacio, i dao joj knjigu raspusnu. Ali se nevjernica, njezina sestra Juda, nije uplašila, nego je otišla i isto tako činila zlo."* Kao rezultat Solomonova grijeha, tijekom vladavine njegovog sina Rehoboama, Izrael se podjelo na Sjeverni Izrael i Južnu Judeju. Ubrzo nakon te podjele, Sjeverni Izrael je počinio duhovni preljub slaveći idole i kao rezultat, Bog ih se odrekao i uništio. Onda, Sjeverna Judeja, čak i nakon što su vidjeli što se dogodilo Sjevernom Izraelu, umjesto pokajanja, i oni su nastavili služiti svojim idolima.

Sva Božja djeca koja žive sada u vremenu Novom zavjetu su mlade Isusa Krista. Zato apostol Pavao ispovijeda da kad dođe do susreta sa Gospodom, on je jako teško radio pripremiti vjernike da bi bili čista mlada za Krista, koji je njihov suprug (2. poslanica Korinćanima 11:2).

Pa ako vjernik zove Gospoda „Moj Mladoženja," dok on ili ona nastavlja voljeti svijet i živjeti podalje od istine, onda on ili ona čini duhovni preljub (Jakovljeva poslanica 4:4). Ako muž ili žena izda svojeg supružnika i počini fizički preljub, to je ozbiljan grijeh kojeg je teško oprostiti. Ako netko izda Boga i Gospoda i počini duhovni preljub, kako je to još gori grijeh?

U Jeremiji poglavlje 11, mi možemo vidjeti kako Bog govori Jeremiji da se ne moli za Izrael, pošto su ljudi Izraela odbili prestati činiti duhovni preljub. On nastavlja govoriti da čak i ako Ga ljudi Izraela zazovu, On ih neće slušati.

Pa ako ozbiljnost duhovnog preljuba dođe do određene točke, osoba koja čini preljub neće moći čuti glas Duha Svetog; i bez obzira koliko se jako moli, njega molitva neće dobiti odgovor. Kako se osoba udaljava od Boga, on postaje svjetovniji i prema tome čini ozbiljne grijehe koje vode do smrti – grijeh kao fizički preljub. Kao što je zapisano u Poslanici Hebrejima poglavlje 6 ili poglavlje 10, to je kao ponovno razapinjanje Isusa Krista, i prema tome hodanje putem smrti.

Prema tome, odbacimo grijehe počinjenja preljuba u duhu,

umu i ili tijelu, te sa svetim ponašanjem, dođimo do kvalifikacija da postanemo Gospodove mlade – čiste i bez mrlja – noseći naše blagoslovljene živote koji donose radost srcu našeg Oca.

Poglavlje 9
Osma Zapovijed

„Ne ukradi"

Izlazak 20:15

„Ne ukradi."

Poslušnost prema Deset Zapovijedi direktno se odnosi na naše spasenje i našu sposobnost prevladati, osvajati i vladati nad moći neprijatelja vraga i Sotone. Izraelcima, slušati ili ne slušati Deset Zapovijedi odlučuje jesu li ili nisu jedan od Božjeg izabranoga naroda.

Isto tako, za nas koji smo postali Božja djeca, slušamo li ili ne slušamo Božje riječi odlučuje hoćemo li biti spašeni ili nećemo. To je zbog toga što naša poslušnost prema Božjim zapovijedima stvara standard za našu vjeru. Poslušnost prema Deset Zapovijedi je povezana sa našim spasenjem i te zapovijedi su također Božja mjera ljubavi i blagoslova za nas.

„Ne ukradi."

Postoji stara korejska poslovica, „Kradljivac igli postaje kradljivac krava." To znači da ako netko počini mali zločin i prođe nekažnjeno i on nastavi ponavljati negativna djela, uskoro će on završiti čineći mnogo ozbiljnije zločine sa većim, negativnijim posljedicama. Zbog toga nas Bog upozorava, „Ne ukradi."

Ovo je opis čovjeka po imenu Fu Pu-ch'i, koji je nazivan „Tsze-tsien" ili „Tzu-chien" i bio je jedan od učenika Konfucija i zapovijednik Tan-fu u državi Lu, tijekom Kineskog perioda Chunqiu (Proljeće i jesen) i perioda zaraćenih država. Vijesti su došle da će vojnici susjede Qi države napasti i Fu Pu-ch'i je naredio da se zidovi kraljevstva čvrsto zatvore.

To je bilo doba žetve i usjevi na poljima su bili spremni za žetvu. Ljudi su pitali, „Prije zatvaranja zidova možemo li požeti usjeve na žitu, prije nego neprijatelj dođe?" Ne slažući se sa zahtjevom ljudi, Fu Pu-ch'i je zatvorio zidove. Onda su ljudi zamjerali Fu Pu-ch'iju, tvrdeći da surađuje sa neprijateljom i kralj ga je pozvao na ispitivanje. Kada ga je kralj pitao o njegovim djelima, Fu Pu-ch'i je odgovorio, „Da, to je bio veliki gubitak za nas jer nam je neprijatelj uzeo sve usjeve, ali ako naši ljudi, u brzini, dobiju naviku skupljati usjeve sa polja koja im ne pripadaju, bit će teško prekinuti tu naviku čak i nakon deset godina." Sa tom izjavom Fu Pu-ch'i je dobio veliko poštovanje i divljenje od kralja.

Fu Pu-ch'i je mogao pustiti ljude skupljati usjeve kao što su tražili, ali ako bi shvatili da to nekako opravdava njihova djela krađe sa polja nekog drugog, to bi imalo trajne posljedice koje bi bile štetnije za ljude i kraljevstvo na duge staze. Pa „krađa" znači koristiti nešto na pogrešan način sa pogrešnom motivacijom; ili uzimati nešto što nam ne pripada, ili kradom imati nečije tuđe vlasništvo.

Ali „krađa" o kojoj Bog priča također ima dublje i šire duhovno značenje. Pa što je uključeno u značenje „krađa," u osmoj zapovijedi?

Uzimati stvari koje pripadaju drugima: fizička definicija krađe

Biblija izričito zabranjuje krađu i određuje posebna pravila što treba učiniti kada netko ukrade (Izlazak 22).

Ako je ukradena životinja pronađena živa kod lopova, lopov mora platiti vlasniku duplo od ukradenog. Ako čovjek ukrade životinju i ubije ju ili ju proda, on mora platiti vlasniku pet puta za vola i četiri za ovcu. Bez obzira koliko mala stvar bila, uzimati nečije tuđe vlasništvo je krađa, što čak i društvo označava kao zločinom i za koji postoji određena kazna.

Osim očitog slučaja krađe, postoje slučajevi kada ljudi mogu krasti jer su nemarni. Na primjer, u našem svakodnevnom životu, mi možemo imati naviku uzimati stvari drugih ljudi bez pitanja i bez puno misli. Nećemo se čak i osjećati krivima jer ih koristimo bez dopuštenja, jer smo ili bliski sa tom osobom ili stvar koju koristimo je jako jeftina.

Isti je slučaj kada koristimo stvari našeg supružnika bez dopuštenja. Čak i u neizbježnim situacijama, ako mi koristimo nečije stvari bez dopuštenja, kad smo gotovi za korištenjem, mi bismo ih odmah trebali vratiti. Međutim, postoji mnogo puta kada ih uopće ne vratimo.

To ne uzrokuje samo gubitak nekome; nego je to djelo nepoštivanja prema toj osobi. Iako se ne mora smatrati ozbiljnim zločinom prema zakonima društva, to se smatra krađom u očima Boga. Ako netko ima stvarno čistu savjest ako on uzme nešto – bez obzira kako malo iz beznačajno – od nekoga bez dopuštenja, on će osjećati krivnju zbog toga.

Čak i ako ne ukrademo ili uzmemo nešto sa silom, ako pridobijemo nečije tuđe vlasništvo na neispravan način, to se smatra krađom. Koristiti poziciju ili moć da bi primio mito također spada u ovu kategoriju. Izlazak 23:8 upozoravam *„Ne uzimaj mita, jer mito zasljepljuje one, koji vide, i izvrće stvar pravednu."*

Trgovci sa dobrim srcem će osjećati krivnju kada postave preveliku cijenu za svoje kupce da bi pridobili više profita za sebe. Iako oni nisu ukrali vlasništvo drugih u tajnosti, to djelo se ipak smatra krađom jer su uzeli više nego što je pošteno.

Duhovna krađa: Uzimati ono što pripada Bogu

Osim „krađe" gdje ti uzimaš ono što pripada drugoj osobi bez dozvole, postoji „duhovna krađa" gdje ti uzimaš od Boga bez dopuštenja. To zapravo može utjecati na spasenje osobe.

Juda Iškariot, jedan od Isusovih učenika, je vodio sve prinose ljudi koje su davali nakon ozdravljenja ili kada ih je Isus blagoslovio. Ali kako je vrijeme prolazilo, pohlepa je ušla u njegovo srce i on je počeo krasti (Po Ivanu 12:6).

Po Ivanu poglavlje 12. gdje Isus posjećuje Simonovu kuću u Betaniji, mi se susrećemo sa scenom gdje žena dođe i izlije parfem na Isusa. Nakon što je to vidio, Juda ju je prekorio, pitajući ju zašto taj parfem nije prodan i novac dan siromasima. Ako bi skup parfem bio prodan, onda bi si on, kao čuvar novčanika, mogao pomoći sa tim novcem, ali pošto je prosut pod Isusove noge, on se osjeća kao da je profitabilna stvar propala.

U konačnici, Juda, koji je postao sluga novcu, prodao je Isusa za trideset srebrnih novčića. Iako je on imao šansu primiti slavu kao jedan od Isusovih učenika, on je umjesto toga krao od Boga i prodao svog učitelja, gomilajući svoj grijeh. Nažalost, on nije ni mogao primiti duh pokajanja prije nego je uzeo svoj život i došao do jadnog kraja (Djela apostolska 1:18).

Zbog toga moramo bolje pogledati na to što se dogodi ako osoba krade od Boga.

Prvi slučaj je ako netko stavi svoju ruku u crkvenu riznicu.

Čak i ako je lopov nevjernik, ako on krade iz crkve, on mora osjećati nekakav strah u svojem srcu. Ali ako vjernik stavi svoju ruku na Božji novac, kako on može reći da uopće ima vjere primiti spasenje?

Čak i ako ljudi nikad ne saznaju, Bog vidi sve i kada vrijeme dođe, On će provesti Svoj sud pravde i lopov će morati platiti kaznu za svoj grijeh. Ako se lopov ne može pokajati zbog svojeg grijeha i umre bez primanja spasenja, kako je to strašno? U to vrijeme, bez obzira koliko tuče svoja prsa i žali za svojim djelima, biti će prekasno. On nije trebao dirati Božji novac od početka.

Drugi slučaj je kada netko zloupotrebljava crkvene stvari ili pogrešno koristiti crkveni novac.

Čak i ako osoba ne ukrade novac direktno, ako on koristi novac koji je skupljen za neke članarine misijskih grupa ili druge donacije za njihovu upotrebu, to je isto kao krađa od Boga. Također je krađa ako osoba kupi uredske potrepštine ili pribor sa crkvenim novcem i koristi ga za svoje osobne potrebe.

Trošiti crkvene zalihe, uzimati crkvene novce da bi kupovao zalihe i koristio ostatak za druge stvari umjesto ih vratiti nazad u crkvu, ili koristiti crkveni telefon, struju, opremu, namještaj, ili druge stvari za osobnu korist bez diskrecije su također oblici pogrešnog korištenja crkvenog novca.

Također se moramo pobrinuti da djeca ne savijaju ili kidaju koverte za prinose, crkvene biltene ili novine zbog zabave ili igre. Neki mogu misliti da su to sitni i nebitni prekršaji, ali na duhovnom nivou, to je u biti krađa od Boga i ta djela mogu postati barijera grijeha između nas i Boga.

Treći slučaj je krađa desetine i prinosa.

U Malahiji 3:8-9 piše, *„Smije li čovjek varati Boga? a vi mene varate! i još pitate: 'U čem da smo te varali? I još pitate: 'Kako smo te oskvrnili?' Eto, u desetini i u prinosu. Prokletstvom ste opterećeni; jer me varate vi, sav narod."*

Desetina je davanje Bogu desetine naše zarade, kao dokaz da mi razumijemo da je On Gospodar nad svim materijalnim stvarima i da On nadgleda sve naše živote. Zbog toga ako mi kažemo da vjerujemo Boga a ipak ne dajemo desetinu, mi krademo od Boga i tada će kletva ući u naše živote. To ne znači da će nas Bog prokleti. To znači da će nas Sotona optuživati zbog naših grešaka, Bog nas ne može zaštiti, jer u stvarnosti, mi kršimo Božji duhovni zakoni. Prema tome mi možemo iskusiti financijeske probleme, iskušenja, iznenadne katastrofe i bolesti.

Ali kao što piše po Malahiji 3:10, *„Donosite svu desetinu u spreme, da bude hrane u mojemu hramu! Okušajte me ipak u tom, neću li vam otvoriti prozore neba i izliti na vas blagoslov izobilja."* Kada mi dajemo ispravnu desetinu, mi možemo primiti Božje obećane blagoslove i zaštitu.

Onda postoje neki koji ne primaju Božju zaštitu jer oni ne daju cijelu desetinu. Bez uzimanja u obzir druge izvore prihoda, ljudi računaju desetinu svoje neto plaće, umjesto bruto plaće i to nakon oduzimanja svih odbitaka i poreza.

Ali ispravna desetina koja je dana Bogu je desetina našeg ukupnog prihoda. Prihod od posla sastrane, novčanih darova, poziva na večeru, ili darova to su sve osobni profiti, pa bismo mi trebali računati jednu desetinu vrijednosti od tih tipova primanja i također napraviti za njih ispravnu desetinu.

U nekim slučajevima, ljudi računaju svoju desetinu ali prinose Bogu drugi tip prinosa, kao što su misionarski prinosi ili dobrotvorni rad. Ali to se još uvijek smatra krađom od Boga, jer to nije ispravna desetina. Kako crkva koristi te prinose to se tiče crkvenog financijskoga odjela, ali na nama je dati našu desetinu pod ispravnim prinosom desetine.

Mi također možemo dati druge prinose kao prinose zahvalnosti. Djela Boga imaju tako puno na čemu mogu biti zahvalna. Sa darom spasenja mi možemo ići na nebo, sa različitim dužnostima u crkvi mi možemo žeti nagrade na nebu i dok živimo ovdje na zemlji, mi možemo primiti Božju zaštitu i blagoslove svo vrijeme, pa kako zahvalni trebamo biti!

Zbog toga mi dolazimo svaku nedjelju pred Boga sa različitim prinosima zahvalnosti zahvaljivati Bogu da nas štiti još jedan tjedan. I na biblijskim svečanostima ili događajima kada imamo poseban razlog biti zahvalni Bogu, mi ostavljamo sastrane poseban prinos i dajemo ga Bogu.

U našim vezama sa drugim ljudima, kada nam netko pomogne ili nam služi na poseban način, mi ne osjećamo samo zahvalnost u našim srcima; mi mu također želimo nešto dati zauzvrat. Na isti način, samo je prirodno da mi želimo prinijeti nešto Bogu da bismo pokazali našu zahvalnost jer nam daje spasenje i priprema nebo za nas (Po Mateju 6:21).

Ako netko kaže da ima vjeru a ipak je škrt oko prinosa Bogu, to znači da on ima pohlepu za materijalnim stvarima. To pokazuje da on voli materijalne stvari više od Boga. Zato po Mateju 6:24 piše, „*Nitko ne može dva gospodara služiti. Ili će na jednoga mrziti i drugoga ljubiti, ili će uz jednoga prianjati i drugoga prezirati. Ne možete služiti Bogu i bogatstvu.*"

Ako smo mi zreli kršćani, a ipak volimo materijalne stvari više od Boga, onda je puno lakše padati u našoj vjeri nego se kretati naprijed. Milost koju smo jednom primili postaje sjećanje koje je davno nestalo, razlog zašto bi bili zahvalni i prije nego smo toga svjesni, naša vjera se smanjuje do točke u kojoj je naše spasenje upitno.

Bog je zadovoljan s aromom prinosa prave zahvalnosti i vjere. Svatko ima drugu mjeru vjere i Bog zna situaciju svake osobe, te On traži unutarnje srce svake osobe. Pa za Njega nije bitna veličina ili količina prinosa. Sjeti se da je Isus hvalio udovicu koja mu je prinijela dva jako mala bakrena novčića koja su bila sve što je imala za život (Po Luki 21:2-4).

Kada mi udovoljimo Boga tako, Bog će nas blagosloviti sa tako puno blagoslova i razloga za zahvalnost tako da će prinosi koje mu damo biti neusporedivi sa blagoslovima koje ćemo primiti od Njega. Bog osigurava da naša duša uspijeva i On nas blagoslivlja tako da se naši životi prelijevaju sa još više razloga za zahvalnost. Bog nas blagoslivlja trideset, šezdeset i sto puta više od prinosa koji Mu dajemo.

Nakon prihvaćanja Krista, čim sam naučio da bi mi trebali davati ispravnu desetinu i dati ju Bogu, ja sam odmah počeo. Prikupio sam puno duga tijekom sedam godina kada sam bio prikovan za krevet zbog bolesti, ali jer sam ja bio zahvalan što me Bog izliječio od bolesti, ja sam uvijek prinosio Bogu koliko god sam mogao. Iako smo i moja žena i ja radili, mi smo jedva plaćali kamate na naš dug. Usprkos tome, mi nikad nismo išli na službu praznih ruku.

Kada mi vjerujemo u svemogućeg Boga i slušamo Njegovu riječ, On će nam pomoći otplatiti naš veliki dug u samo nekoliko mjeseci. I u to vrijeme, mi smo uspjeli iskusiti Božje prelijevajuće beskrajne blagoslove na nama tako da smo mogli živjeti u obilju.

Četvrti slučaj je krađa Božjih riječi.

Krasti Božje riječi znači činiti lažno proročanstvo u Božje ime (Jeremija 23:30-32). Na primjer, postoje ljudi koji kradu Njegove riječi govoreći da su čuli glas Boga i oni pričaju o budućnosti kao vračara ili govore osobi koja stalno propada u poslu da „Bog čini da ti ne uspijevaš u svojem poslu jer trebaš postati pastor, umjesto voditi posao."

Također se smatra krađa Božjih riječi kada netko ima san ili viziju koja proizlazi iz njegovih misli i on kaže, „Bog mi je dao taj san," ili „Bog mi je dao tu viziju." To također spada u kategoriju pogrešnog korištenja Božjeg imena.

Naravno razumijevati volju Boga kroz rad Duha Svetog proglašavanje Božje volje je dobro, ali da bismo to ispravno radili, mi se moramo provjeriti jesmo li prihvatljivi pred Bogom. To je zato što Bog neće govoriti bilo kome. On može govoriti samo sa onim tko nema zla u svojem srcu. Zato moramo biti sigurni da ni na najmanji način ne krademo Božje riječi dok smo zadubljeni u vlastite misli.

Osim toga, ako osjećamo ubode savjesti, sramotu, ili stid kada smo uzeli nešto ili učinili nešto, to je znak da se trebamo preispitati. Razlog zašto osjećamo ubode naše savjesti je jer mi možemo uzimati nešto što nam ne pripada sa našim sebičnim motivima i Duh Sveti u nama tuguje.

Na primjer, čak i ako ne ukrademo neku stvar, ako mi primimo plaću nakon što smo lijeno radili ili ako smo primili dužnost ili zadatak u crkvi ali nismo ispunili naše odgovornosti, sa pretpostavkom da imamo dobro srce, mi bismo trebali osjetiti ubode savjesti.

Isto tako, ako osoba koja se posvetila Bogu gubi vrijeme koje je ostavila za Boga i uzrokuje gubitak vremena za Božje kraljevstvo, ona onda krade vrijeme. Ne samo sa Bogom, nego također u radu ili neformalnom okruženju, mi trebamo biti sigurni da smo točni tako da drugi ne gube svoje vrijeme.

Prema tome mi bismo se uvijek trebali provjeravati da bismo bili sigurni da ne činimo grijeh krađe na bilo kakav način i odbaciti sebičnost i pohlepu iz našeg uma i srca. I sa čistom savjesti, mi bismo trebali pokušavati ostvariti ispravno i iskreno srce pred Bogom.

Poglavlje 10
Deveta Zapovijed

„Ne svjedoči lažno proti bližnjemu svojemu..."

Izlazak 20:16

„Ne svjedoči lažno proti bližnjemu svojemu..."

To je bila noć prije nego je Isus uhapšen. Dok je Petar sjedio u dvorištu gdje su Isusa ispitivali, sluškinja ga je pitala, „I ti si bio s Isusom Galilejcem!" Na to, iznenađeni Petar joj je odgovorio, „Ne znam što govoriš" (Po Mateju 26).

Petar nije stvarno zanijekao Isusa iz dubine svojeg srca – on je lagao zbog iznenadnog straha. Odmah nakon tog incidenta, Petar je otišao van i lupio svojom glavom u tlo, gorko plačući. Onda kada je Isus nosio križ do Golgote, Petar je mogao samo pratiti izdaleka, posramljen i nije mogao dignuti glavu.

Iako se sve to dogodilo prije nego je Petar primio Duha Svetog, zbog te laži, oni se nije mogao usuditi biti razapet kao Isus, u stajaćoj poziciji. Čak i nakon što je primio Duh Sveti i posvetio svoj život Njegovom svećeništvu, on je bio tako posramljen vremena kada je negirao Isusa i konačno on se dobrovoljno javio da ga naopako razapnu.

„Ne svjedoči lažno proti bližnjemu svojemu..."

Od riječi koje ljudi pričaju svakodnevno, postoje neke riječi koje su jako važne, dok su druge beznačajne. Neke riječi su nevažne, a neke riječi su zle riječi koje će ili ozlijediti ili prevariti druge ljude.

Laži su zle riječi koje se udaljavaju od istine. Iako to ne priznaju, mnogi ljudi govore bezbrojne laži svaki dan – i velike i male. Neki ljudi ponosno kažu, „Ne govorim laži," ali prije nego su toga svjesni, oni stoje na planini od laži.

Prašina, prljavština i nered mogu ostati skriveni u mraku. Međutim, ako sjajno svjetlo dođe u sobu, čak najmanja prašina ili mrlja se jasno vidi. Isto tako, Bog, koji je sama istina, je kao svjetlo; i On vidi da mnogi ljudi govore laži svo vrijeme.

Zbog toga u devetoj zapovijedi, Bog nam govori da ne dajemo lažno svjedočanstvo protiv našeg bližnjeg. Ovdje, „bližnji" se odnosi na roditelje, braću, djecu – svakog osim samog sebe. Preispitajmo kako Bog definira „lažno svjedočanstvo" u tri djela.

Prvo, „Davati lažno svjedočanstvo" znači govoriti o svojem bližnjem na neistinit način.

Mi možemo vidjeti kako strašno može biti davanje lažnog svjedočanstva, na primjer, kada gledamo suđenja u sudu. Jer svjedočenje svjedoka direktno utječe na konačni sud, samo mali detalj može uzrokovati veliku nesreću nevinoj osobu i situacija može postati pitanjem života i smrti za njega.

Da bi spriječio zlostavljanje svjedočanstva ili lošu praksu lažnih svjedočanstava, Bog je zapovjedio da suci slušaju mnoge različite svjedoke da bi točno shvatili sve aspekte slučaja i da bi mogli donijeti mudar i diskretan sud. Zato je On naredio onima koji svjedoče i onima koji sude da ti čine sa razboritosti i oprezom.

U Ponovljenom zakonu 19:15 Bog govori, *„Jedan svjedok neka ne ustaje ni proti kojemu, kad se radi o kakvu zločinu ili prestupku ili o kojojgod krivnji, što je počini netko!"* On nastavlja govoriti u stihu 16-20 da, *„Ako ustane lažan svjedok proti nekomu, da ga optuži za neku krivnju,"* onda bi on trebao primiti kaznu koju je planirao na svojeg brata.

Osim ozbiljnih slučajeva kao što su gdje osoba uzrokuje veliki gubitak drugoj osobi, postoje također tako puno drugih slučajeva gdje ljudi govore male laže tu i tamo o svojim bližnjima u svakodnevnom životu. Čak i ako osoba ne laže o svojim bližnjima, ako ona ne otkrije istinu u situaciji gdje bi trebala pričati istinu u obranu svojeg bližnjeg, onda se i to smatra davanjem lažnog svjedočanstva.

Ako druga osoba prima krivnju zbog pogrešaka koje smo mi počinili i mi ne pričamo zbog straha da ćemo upasti u probleme, onda kako mi možemo imati čistu savjest? Da, Bog nam je zapovjedio da ne lažemo, ali On nam je također zapovjedio da imamo poštena srca tako da naše riječi i djela mogu također reflektirati integritet i istinu.

Onda, što Bog misli o „nevinim lažima" koje mi govorimo da bismo utješili ili oraspoložili nekog?

Na primjer, kada posjećujemo prijatelja i on nas pita, „Jesi li jeo?" I ako mi nismo jeli, mi odgovaramo, „Da, jesam," tako da ga ne gnjavimo. Međutim, u tom slučaju, mi bismo mu trebali reći istinu govoreći, „Ne, nisam jeo, ali ne želim jesti sada."

Postoje primjeri „nevinih lažu" čak i u Bibliji.

U Izlasku poglavlje 1. postoji scena gdje se kralj Egipta osjeća nervozno jer su sinovi Izraela narasli u velikom broju i on daje posebnu naredbu Hebrejskim primaljama. On im govori, *„Kad pomažete Hebrejkama kod porođaja, pripazite na spol: ako je dječak, usmrtite ga, ako je djevojčica, neka ostane na životu!"* (s. 16).

Ali bogobojazne Hebrejske primalje nisu poslušale kralja Egipta i ostavile su muške bebe na životu. Kada je kralj pozvao primalje i pitao, „Zašto tako činite i ostavljate dječake na životu?" One su odgovorile, „Jest, Hebrejke nijesu kao žene egipatske, nego znadu same sebi pomoći. Prije nego dođe babica, one već rode."

Isto tako, kada je Izraelov prvi kralj, kralj Saul, postao ljubomoran na Davida i pokušao ga ubiti jer su ga ljudi voljeli više nego njega, Jonatan, Saulov sin, ga je prevario da bi spasio Davidov život.

U tim slučajevima, kada ljudi lažu samo za korist druge osobe, samo iz dobre volje i ne zbog njihovih sebičnih razloga, Bog ih neće automatski prekoriti i reći, „Lagao si." Baš kao što je to učinio sa Hebrejskim primaljama, On će im pokazati Svoju milost, jer su one pokušavale spasiti živote sa svojim dobrim namjerama. Međutim, kada ljudi dođu do nivoa potpune dobrote, oni će moći dodirnuti srce protivnika ili osobe sa kojom se bave bez da moraju reći „nevinu laž."

Drugo, dodavati ili oduzimati riječi kada prenosiš poruku je drugi oblik davanja lažnog svjedočanstva.

To je slučaj kada ti prenosiš poruku o nekom na način koji izobličuje istinu – možda jer si dodao svoje misli ili osjećaje ili prešutio određene riječi. Kada im netko nešto kaže, većina ljudi sluša sa subjektivnim ušima, tako da kako oni primaju informaciju ovisi jako puno o njihovim emocijama i prošlom iskustvu. Zato kada određena informacija prolazi okolo od osobe do osobe, poruka izvornog govornika se lako može izgubiti.

Ali čak i ako je svaka riječ – točka i sve – prenesena točno, ovisno o glasnikovoj intonaciji ili naglascima na određene riječi, značenje će se nedvojbeno promijeniti. Na primjer, postoji velika razlika između načina kada netko nježno kaže svojem prijatelju, „Zašto?" i kada netko sa okrutnim izrazom na licu viče na svog neprijatelja, „Zašto?!"

Zbog toga kad god slušamo nekoga, mi moramo pokušavati razumjeti što on govori bez dodavanja bilo kakvih osobnih osjećanja njihovoj poruci. Isto se pravilo primjenjuje kada mi pričamo drugima. Mi bismo se trebali truditi najbolje što možemo oslanjati na poruku izvornog govornika – njegovo namjenjeno značenje.

Nadalje, ako je sadržaj poruke neistinit ili neće pomoći slušatelju, čak i ako točno prenesemo poruku, bolje je uopće ne prenijeti poruku. To je zbog toga što iako smo je mi prenijeli sa dobrim namjerama, osoba koja prima može biti povrijeđena; i ako se to dogodi, onda mi možemo započeti razdor između ljudi.

Po Mateju 12:36-37 govori *„A ja vam kažem da za svaku praznu riječ, koju reknu ljudi, moraju u dan suda dati račun. Jer ćeš po riječima svojim biti proglašen pravednim, po svojim riječima bit ćeš osuđen."* Prema tome mi bismo se trebali suzdržati govoriti ljudi koje nisu istina ili ljubav u Gospodu. To se primjenjuje i na to kako slušamo riječi.

Treće, suditi i kritizirati druge bez stvarnog shvaćanja njihova srca je također oblik davanja lažnog svjedočanstva protiv susjeda.

Vrlo često, ljudi čine sud o nečijem srcu ili namjerama samo gledajući na njihove izražaje ili djela, koristeći svoje misli i osjećaje kao vodič. Oni mogu reći, „Ta osoba je to vjerojatno rekla sa tim na umu," ili mogu reći, „On je sigurno imao te namjere jer je tako djelovao."

Pretpostavimo da se mladi radnik nije previše ljubazno ponašao prema svojem nadređenom jer je bio nervozan zbog novog okruženja. Nadređeni može misliti, „Tom novom radniku nije ugodno oko mene. Možda zato što sam mu dao negativnu kritiku neki dan." To je pogrešno shvaćanje oblikovao nadređeni bazirano na njegovim pojmovima. U drugom slučaju, netko sa lošim vidom ili u zadubljen u mislima prođe pored prijatelja i ne shvati da je prijatelj bio tamo. Prijatelj može misliti, „On se ponaša kao da me ne zna! Pitam se je li ljut na mene."

I ako je netko drugi bio u istoj takvoj situaciji, on bi mogao pokazati neku sasvim drugu reakciju. Svatko ima drugačije misli i osjećaje, te prema tome svaka osoba djeluje drugačije na određene okolnosti. Prema tome, pretpostavimo da svatko ima istu poteškoću, svaka osoba će ju sa različitom razinom snage prevladati. Zato kada vidimo nekog u boli, mi ga nikad ne bismo trebali suditi sa našim standardom tolerancije za bol i pitati se, „Zašto diže toliko buku oko ničega?" Nije lako potpuno razumjeti srce druge osobe – čak i ako ju stvarno voliš i imaš blisku vezu s njom.

Nadalje, postoje mnogi drugi načini na koje ljudi pogrešno sude i pogrešno shvaćaju druge, postaju razočarani sa njima, i onda ih konačno osuđuju... sve jer oni sude druge prema svojim standardima. Ako, bazirano na vlastitim standardima mi sudimo drugu osobu, misleći da on ima posebnu namjeru u svojem srcu iako on to stvarno nema i onda govorimo negativno o njemu, mi dajemo lažno svjedočanstvo o njemu. I ako mi sudjelujemo u toj vrsti djela slušajući te neistine i sudjelujemo u sudu i osuđivanju određene osobe, onda još jednom, mi činimo grijeh davanja lažnog svjedočanstva protiv našeg susjeda.

Većina ljudi misli ako oni sami reagiraju na neku situaciju na zao način, onda će i drugi na istu situaciju djelovati isto. Jer oni imaju promijenjivo srce, oni misle da i drugi također imaju varljivo srce. Ako oni vide određenu situaciju ili scenu i misle zle misli, oni misle, „Kladim se da ta osoba također ima zle misli." I jer oni sami gledaju s visoka na druge, oni misle, „Ta osoba gleda s visoka na mene. On je uobražen."

Zato piše u Jakovljevoj poslanici 4:11, *„Ne klevećite jedan drugoga, braćo. Jer tko kleveće brata ili sudi brata svojega, kleveće zakon i sudi zakon. A ako zakon sudiš, nijesi i izvršitelj zakona, nego sudac."* Ako netko sudi ili blati brata, to znači da je on ponosan i da on želi u konačnici biti kao Bog Sudac.

I važno je znati da ako mi govorimo o slabostima drugih ljudi i sudimo ih, mi činimo grijeh koji je daleko gori. Po Mateju 7:1:5 piše, *„Ne sudite! I nećete biti suđeni. Jer kakvim sudom sudite, onakvim će vam se suditi, i kakvom mjerom mjerite, onakvom će vam se mjeriti. Što vidiš trun u oku brata svojega, a brvna u oku svojemu ne osjećaš? Ili kako možeš reći bratu svojemu: Daj da izvadim trun iz oka tvojega, a eto brvno u oku tvojemu? Licemjere, izvadi najprije brvno iz oka svojega! Tada ćeš vidjeti, kako da izvadiš trun iz oka brata svojega."*

Još jedna stvar oko koje moramo biti jako pažljivi je suđenje Božjih riječi bazirano na vlastitim mislima. Ono što je nemoguće čovjeku moguće je sa Bogom, pa što se tiče Božje riječi, ti nikad ne bi trebao reći, „To je pogrešno."

Laganje sa preuveličavanjem ili podcjenjivanjem istine

Bez ikakvih zlih namjera, ljudi prejerivaju ili podcjenjuju istinu na dnevnoj bazi. Na primjer, ako netko jede puno hrane, mi možemo reći, „On je pojeo sve." I kada je ostalo malo hrane, mi možemo reći, „Nije ostala niti mrvica!" Postoji vrijeme da kada vidimo da se samo troje ili četvero ljudi složilo oko nečega, mi kažemo, „Svi se slažu."

Isto tako, ono što mnogi ljudi ne smatraju laži, je zapravo laž. Postoje čak i slučajevi kada pričamo o situacijama o kojima ne znamo sve činjenice, i kao rezultat, mi govorimo laž.

Na primjer, pretpostavimo da netko pita koliko radnika radi za određenu tvrtku i mi odgovorimo, „Tamo radi toliko ljudi," i onda kasnije brojimo i shvatimo da je broj zapravo različit. Iako nismo lagali namjerno, svejedno smo rekli laž, jer je to različito od istine. Pa u tom slučaju, bolji način odgovora na pitanje bi bio, „Ne znam točan odgovor, ali mislim da je to otprilike toliko ljudi."

Naravno u tim vrstama slučajeva mi ne pokušavamo namjerno lagati sa zlim motivima, ili suditi druge sa zlim srcima. Međutim, ako mi vidimo i najmanji nagovještaj tih vrsta misli ili djela, onda je dobra ideja doći do dna problema. Osoba čije je srce ispunjeno sa istinom neće dodavati ili oduzimati od istine, bez obzira koliko je mala stvar.

Jako istinita i poštena osoba može primiti istinu kao istinu i prenijeti istinu kao istinu. Pa čak i ako je nešto jako malo i nevažno, ako se mi vidimo kako pričamo o tome čak i sa malim nagovještajem neistine, onda bismo mi trebali znati da to nagovješta da naše srce još nije ispunjeno potpuno sa istinom. I ako naše srce nije potpuno ispunjeno sa istinom, to onda znači da ako smo stavljeni u situaciju u kojoj nam je život ugrožen, mi smo potpuno u mogućnosti oštetiti drugu osobu tako da ćemo lagati o njoj.

Kako što je zapisano u 1. Petrovoj poslanici 4:11, *„Ako tko govori, neka govori kao riječi Božje,"* mi bismo trebali pokušati ne lagati ili šaliti se koristeći neistinite riječi. Bez obzira što rekli, mi bismo uvijek trebali govoriti istinito, kao da mi pričamo same Bože riječi. I to možemo činiti vatreno se moleći i primajući vodstvo Duha Svetog.

Poglavlje 11
Deseta Zapovijed

„Ne poželi kuće bližnjega svojega..."

Izlazak 20:17

„Ne poželi kuće bližnjega svojega! Ne poželi žene bližnjega svojega, ni sluge njegova, sluškinje njegove, vola njegova, magarca njegova, ni igdje išta, što pripada bližnjemu tvojemu!"

Znaš li priču o guski koja je snijela zlatna jaja, jednu od Ezopovih poznatih basni? Jednom davno, u malom selu živio je ratar koji je imaju neobičnu gusku. Dok je razmišljao što će učiniti sa guskom, šokantna stvar se dogodila.

Guska je počela nesti zlatno jaje svako jutro. I onda jedan dan, ratar je pomislio, „Zasigurno postoji cijela količina jaja unutar guske." I odjednom, ratar je postao sebičan i želio je cijelu količinu zlata tako da može postati odmah bogat, umjesto da čeka svaki dan primiti jedno zlatno jaje.

I kada je njegova pohlepa postala prevelika, ratar je rasporio gusku, samo da bi pronašao da nije bilo niti malo zlata u guski. U tom trenutku, ratar je shvatio da je pogriješio i požalio je svoje djelo, ali bilo je prekasno.

Isto tako, osobna pohlepa nema granica. Bez obzira koliko rijeka plovi u ocean, ocean se ne može napuniti. Takva je pohlepa čovjeka. Bez obzira koliko osoba ima, nema potpune zadovoljenosti. Mi to vidimo svaki dan. Kada nečija pohlepa postane tako velika, ne samo da se ne osjeća zadovoljnim sa tim što ima, nego on također postaje željan i pokušava imati što drugi imaju, čak koristeći loše metode. Onda on završi čineći ozbiljan grijeh.

„Ne poželi kuće bližnjega svojega..."

„Žudnja" nešto znači željeti nešto što ne pripada nama i

pokušati imati nečije tuđe vlasništvo na neispravne načine; ili imati srce koje želi sve tjelesne stvari svijeta.

Većina zločina počinje sa srcem žudnje. Žudnja može prouzrokovati da ljudi lažu, kradu, pljačkaju, varaju, pronevjere, ubijaju i počine sve vrste drugih zločina. Također postoje slučajevi kada ljudi ne samo da žude za materijalnim stvarima, nego također za pozicijama i slavom.

Zbog tog požudnog srca, s vremenom veze među braćom, veza roditelj – dijete, čak i veza muža i žene se pretvara u neprijateljsku. Neke obitelji postaju neprijatelji i umjesto da sretno žive u istini, ljudi postaju ljubomorni i zavidni na one koji imaju više od njih.

Zato nas kroz desetu zapovijed, Bog upozorava protiv požudnosti, koja rađa grijeh. Nadalje, Bog želi da postavimo naše umove na stvari iznad (Poslanica Kološanima 3:2). Samo kada tražimo vječni život i ispunimo naša srca sa nadom neba mi možemo naći pravo zadovoljstvo i sreću. Samo tada mi možemo odbaciti našu požudu. Po Luki 12:15 piše, „Pazite i čuvajte se od svake lakomosti! Ako tko i obiluje, njegov život nije ipak osiguran njegovim imanjem." Kao što je Isus rekao, samo kada odbacimo svu požudu mi se možemo udaljiti od grijeha i prema tome imati vječni život.

Proces u kojem žudnja dolazi u oblik grijeha

Pa kako se žudnja pretvara u grešna djela? Pretpostavimo da si posjetio ekstremno bogat dom. Kuća je napravljena od mramora i jako je velika. Kuća je također ispunjena sa svim vrstama luksuznih stvari. Dovoljno je da nekog natjera reći, „Ova kuća je veličanstvena. Potpuno je prekrasna!"

Ali mnogi ljudi ne prestanu nakon što kažu tu vrstu komentara. Oni nastave misliti, „Volio bih imati takvu kuću. Želio bih biti bogat kao ta osoba..." Naravno pravi vjernici neće dopustiti da se ta misao razvije u misao o krađi. Ali kroz tu vrstu misli, „Volio bih kad bi ja mogao to imati," pohlepa može ući u njihova srca.

I ako pohlepa uđe u srce, samo je pitanje vremena kada će osoba počiniti grijeh. U Jakovljevoj poslanica 1:15 govori, *„Tada začevši požuda rađa grijeh, a grijeh izvršen rađa smrt."* Postoje neki vjernici koji, prevladani sa tom željom ili pohlepom, završe u počinjenju grijeha.

U Jošui poglavlje 7, mi čitamo o Akanu, kojeg je prevladala ova vrsta pohlepe i na kraju je dobio smrt kao kaznu. Jošua, kao vođa na Mojsijevom mjestu, bio je u procesu osvajanja Kaanana. Izraelci su postavili opsadu Jerihona. Jošua je upozorio ljude da sve što dođe iz Jerihona je predano Bogu, tako da nitko ne stavi svoje ruke na to.

Međutim, nakon što je vidio skupu odjeću i nešto srebra i zlata, Akan je žudio za tim i tiho ih sakrio za sebe. Jer Joštua to nije znao, on je nastavio osvajati slijedeći grad, a to je bio grad Aj. Pošto je Aj bio mali grad, Izraelci su to vidjeli kao jednostavnu borbu. Ali oni su izgubili bitku i bili su zbunjeni zbog toga. Onda je Bog rekao Jošui da je to bilo zbog Akanovog grijeha. Kao rezultat, ne samo Akan, nego cijela njegova obitelj – čak i stoka – su morali umrijeti.

U 2. Kraljevima, poglavlje pet, mi čitamo o Gehaziju, Elišejevom slugi, koji je također dobio kugu jer je žudio za stvarima koje nije smio imati. Kako mu je to Elišej rekao, general Naaman se oprao sedam puta u rijeci Jordan da bi se očistio od kuge. Nakon što se izliječio, on je želio dati Elišeju neke darove kao dar zahvalnosti. Ali Elišej je odbio primiti bilo što.

Onda, general Naaman je bio na povratku u svoju domovinu, Gehazije je potrčao za njim, glumio kao da ga je Elišej poslao i pitao ga za nešto darova. On je uzeo darove i sakrio ih. Povrh toga, on se vratio Elišeju i pokušao ga prevariti, unatoč činjenici da je Elišej znao što je on planirao od samog početka. I tako je Gehazije dobio kugu koju je Naaman imao.

To je isti slučaj kao i Ananijom i njegovom ženom Safirom iz Djela apostolskih, poglavlje pet. Oni su prodali komad svog imanja i obećali Bogu prinijeti novce koje su dobili od toga. Ali jednom kada su imali novce u svojim rukama, njihova srca su se promijenila i oni su sakrili dio novca za sebe i odnijeli ostatak apostolima. Žudeći za novcem, oni su pokušali prevariti apostole. Ali varati apostole je isto kao varati Duh Sveti, pa odmah, njihove duše su ih napustile i oboje su umrli odmah tog trena.

Srce žudnje vodi do smrti

Žudnja je veliki grijeh koji u konačnici vodi do smrti. Prema tome jako je važno da mi odbacimo žudnju iz našeg srca, kao i iskušenja i pohlepu koja nas tjera željeti tjelesne stvari ovog svijeta. Kakvo je dobro ako ti dobiješ sve što želiš u cijelom svijetu ali izgubiš svoj život?

U suprotnom, iako nemaš sva bogatstva u ovom svijetu, ako vjeruješ u Gospoda i imaš pravi život, onda si ti stvarno bogata osoba. Kao što smo naučili iz parabole bogata čovjeka i prosca Lazara po Luki, poglavlje 16, pravi blagoslov je primanje spasenja nakon izbacivanja srca žudnje.

Bogat čovjek koji nije imao vjere u Boga i nije imao nadu za nebo živio je sjajnim životom – nosio finu odjeću, zadovoljavao se sa svjetovnom pohlepom i uživao u zabavama. U drugu ruku, prosjak Laraz je ležao moleći pored vrata bogataša. Njegov život je bio jako bijedan; čak su i psi dolazili lizati rane na njegovom tijelu. Međutim, u samom centru njegova srca, on je hvalio Boga i uvijek je imao nadu za nebo.

Konačno, i bogataš i Lazar su umrli. Prosjaka Lazara su odnijeli anđeli do Abrahamove strane, ali bogataš je otišao u Grob, gdje je bio na muci. Jer je on bio jako žedan zbog agonije i vatri, bogataš je želio samo jednu kap vode, ali njegovoj se želji nije mogla udovoljiti.

Pretpostavimo da je bogataš dobio drugu šansu živjeti na ovoj zemlji? On bi vjerojatno izabrao primiti vječni život na nebu, čak i ako bi to značilo živjeti siromašnim životom ovdje. I za nekog tko je živio jako bijednim životom ovdje, kao Lazar, ako je on upravo naučio kako se bojati Boga i živjeti u Njegovom svjetlu, on također može primiti blagoslove materijalnoga bogatstva dok živi ovdje na zemlji.

Nakon što je njegova žena Sara umrla, Abraham, otac vjere, je želio kupiti pećinu Makpel da bi pokopao svoju ženu. Vlasnik pećine mu je rekao da ju uzme besplatno, ali Abraham ju je odbio uzeti besplatno i platio je punu cijenu za nju. On je to učinio jer nije imao niti malo žudnje u svojem srcu. Ako to nije pripadalo njemu, on to nije ni pomislio posjedovati (Postanak 23:9-19).

Nadalje, Abraham je volio Boga i slušao Njegovu riječ; živio je životom poštenja i integriteta. Zbog toga tijekom njegova života ovdje na zemlji, Abraham nije primio samo materijalno bogatstvo, nego je također primio blagoslove dugog života, slave, moći, potomaka i još više. On je čak primio duhovni blagoslov jer se zvao „prijatelj Boga."

Duhovni blagoslovi premašuju materijalne blagoslove

Ponekad ljudi pitaju iz radoznalosti, „Ta osoba izgleda kao dobar vjernik. Kako ne izgleda kao da je primio puno blagoslova?" Ako je ta osoba pravi sljedbenik Krista koji živi dan do dana sa pravom vjerom, mi bi mogli vidjeti da ga Bog blagoslivlja sa najboljim stvarima.

Kao što je zapisano je u 3. Ivanovoj poslanici 1:2, *„Ljubljeni, želim, da ti u svemu bude dobro, i da budeš zdrav, kao što je tvojoj duši dobro,"* Bog nas blagoslivlja tako da je našim dušama dobro, prije svega drugog. Ako mi živimo kao sveta Božja djeca, izbacivati svo zlo iz našeg srca i slušamo Njegove zapovijedi, Bog će nas zasigurno blagosloviti tako da će nam sve biti dobro, uključujući naše zdravlje.

Ali ako netko – čija duša ne uspijeva – izgleda kao da prima puno materijalnih blagoslova, mi ne možemo reći da su to Božji blagoslovi. U tom slučaju, njegovo bogatstvo mu može prouzrokovati pohlepu. Njegova pohlepa može roditi grijeh, i posljedično, on će u konačnici pasti od Boga.

Kada su situacije teške, ljudi mogu ovisiti o Bogu sa čistim srcem i marljivo Mu služiti sa ljubavi. Ali prečesto, nakon primanja materijalnih blagoslova u svojem poslu ili na radnom mjestu, njihova srca počinju žudjeti sa stvarima svijeta i oni počinju raditi izlike o tome da su prezauzeti i oni povećavaju udaljenost od Boga. Kada je njihov profit i zarada mala, oni daju svoju desetinu sa cijelim srcem iz zahvalnosti, ali kada se njihova primanja povećaju i njihove se desetine trebaju povećati, onda je lako da se njihova srca potresu. Ako se naša srca tako promijene i mi povećamo udaljenost od Božje riječi i u konačnici postati baš kao ljudi sekularnog svijeta, onda blagoslovi koje možemo primiti zapravo završe kao naša nesreća.

Međutim, te duše koje su uspješne neće žudjeti za stvarima svijeta i čak ako prime blagoslove časti i bogatstva od Boga, oni neće postati pohlepni za još. I oni neće gunđati ili prigovarati jer oni nemaju dobre stvari ovog svijeta; jer oni bi bili voljni ponuditi sve što imaju – čak i svoj život – za Boga.

Ljudi čije su duše dobro će štiti svoju vjeru i služiti Bogu bez obzira na okolnosti u kojima se nalaze, koristeći blagoslove koje su primili od Boga samo za Njegovo kraljevstvo i slavu. I jer ljudi sa uspješnom dušom nemaju nikakav naklon progoniti svjetovne užitke, ili lutati u potrazi za zabavno, ili hodati putem smrti, Bog će ih obilno blagosloviti, još više.

Zbog toga su duhovni blagosloviti daleko važniji od fizičkih blagoslova ovog svijeta koji nestanu kao magla. I prema tome, iznad sveg drugog, mi moramo primiti prvo duhovne blagoslove.

Ne bismo nikad trebali tražiti Božje blagoslove da bismo slaviti svjetovne želje

Čak i ako nismo još primili duhovne blagoslove da nam duša uspijeva, ako mi nastavimo hodati putem pravednosti i tražimo Boga sa vjerom, On će nas ispuniti u pravo vrijeme. Ljudi se mole da se nešto odmah dogodi; međutim, postoji vrijeme i trajnost za sve pod nebom i Bog zna najbolje vrijeme za to. Postoji vrijeme kada nas Bog ostavlja da čekamo tako da nam On može dati veće blagoslove.

Ako mi pitamo Boga za nešto iz naše prave vjere, onda ćemo mi primiti moć konstantno se moliti dok ne primimo odgovor. Ali ako pitamo Boga za nešto što je iz naših tjelesnih želja, bez obzira koliko se molimo, mi nećemo primiti vjeru iskreno vjerovati i mi nećemo moći dobiti Njegove odgovore.

Jakovljeva poslanica 4:2-3 govori, „*I nemate, jer ne molite. Molite,* i ne primate, jer zlo molite, da u nasladama svojim trošite." Bog nam ne može odgovoriti kada ga pitamo za nešto da bismo udovoljili našim svjetovnim željama. Ako mladi student pita svoje roditelje za novac da bi kupio nešto što ne bi smio kupiti, onda mu njegovi roditelji ne bi trebali dati novac.

Zbog toga se ne bismo trebali moliti i tražiti naše misli, nego radije, sa moći Duha Svetog, mi bismo trebali tražiti za stvari koje su u liniji Božje volje (Judina poslanica 1:20). Duh Sveti zna Božje srce i On može razumjeti duboke stvari Boga; prema tome, ako ti ovisiš o vodstvu Duha Svetog tijekom molitve, ti možeš brzo primiti Božje odgovore na svaku tvoju molitvu.

Pa kako ti možeš ovisiti o vodstvu Duha Svetog i moliti se prema Božjoj volji?

Prvo, mi se moramo oboružati sa riječima Boga i primijeniti Njegovu riječ na naše živote tako da naša srca mogu biti kao ono od Isusa Krista. Ako mi imamo srce kao što je Kristovo, onda ćemo se prirodno moliti prema Božjoj volji, i mi ćemo brzo primiti odgovore na sve naše molitve. To je zato što će Duh Sveti, koji zna Božje srce, paziti na naša srca tako da mi možemo tražiti stvari koje stvarno trebamo.

Baš kao što kaže po Mateju 6:33, *„Tražite najprije kraljevstvo Božje i pravdu njegovu, i ovo će vam se sve dodati,"* traži Boga i Njegovo kraljevstvo prvo i onda pitaj što ti treba. Ako se prvo moliš tražeći Božju volju, ti ćeš iskusiti kako Bog izljeva Svoje blagoslove na tvoj život tako da se tvoja čaša preljeva sa svim što ti treba na ovoj zemlji i više.

Zbog toga bismo mi trebali uzdizati ispravne i odane molitve Bogu. Kada ti uskladištiš moćne molitve sa vodstvom Duha Svetog na dnevnoj bazi, svaka žudnja ili grešna priroda će biti odbačena iz tvojeg srca za stalno i ti ćeš primiti sve što pitaš u molitvi.

Apostol Pavao je bio građanin Rimskog carstva i studirao je pod Gamaelom, najboljim i najpoznatijim učenjakom svojeg doba. Međutim, Pavao nije bio zainteresiran za stvari ovog svijeta. Za Kristovo dobro, on je smatra sve što ima kao smeće. Kao Pavao, stvari koje je stvarno trebao za ljubav i želju su učenja Isusa Krista, ili riječi istine.

Ako mi dobijemo svo svjetsko bogatstvo, slavu, moć, itd. i mi nemamo vječan život, što nam onda znače te stvari? Ali ako, kao apostol Pavao, odbacimo sva bogatstva svijeta i živimo životom prema Božjoj volji, onda će nas Bog zasigurno blagosloviti tako da će naša duša uspijevati. I onda će nas zvati „velikima" na nebu i postati ćemo uspješni u svim dijelovima našeg života i ovdje na zemlji.

Prema tome ja se molim da ti možeš odbaciti svaku pohlepu i žudnju iz svojeg srca i života, dok marljivo tražiš zadovoljstvo u tome što već imaš, dok čuvaš nadu za nebo. Onda ja znam da ćeš uvijek voditi život koji se prelijeva sa hvalom i radosti.

Poglavlje 12

Zakon Života sa Bogom

Mudre izreke 8:17

„Ja ljubim one, koji ljube mene i koji me traže, nađu me."

Po Mateju poglavlje 22. postoji scena u kojoj jedan od farizeja pita Isusa koja je najveća od zapovijedi u zakonu.

Isus odgovara, *„Ljubi Gospodina, Boga svojega, svim srcem svojim, svom dušom svojom, svom pameti svojom i svom snagom svojom!" To je najveća i prva zapovijed. Druga je ovoj jednaka: „Ljubi bližnjega svojega kao samoga sebe! O ovim dvjema zapovijedima visi sav zakon i proroci"* (Po Mateju 22:37-40).

To znači da ako mi volimo Boga sa svim našim srcem i sa svom našom dušom i svim našim umom i mi volimo naše bližnje kao samog sebe, onda ćemo lako poslušati i ostale zapovijedi.

Ako i stvarno volimo Boga, kako možemo počiniti grijehe koje Bog prezire? I ako mi volimo naše bližnje kao samog sebe, kako možemo zlo djelovati protiv njih?

Zašto nam je Bog dao Svoje zapovijedi

Pa, zašto se Bog mučio da bi nam dao svaku od Deset Zapovijedi, umjesto da nam je samo rekao, „Voli svog Boga i voli svoje bližnje kao samog sebe"?

To je zbog toga što u vrijeme Starog zavjeta, prije ere Duha Svetog, bilo je teško ljudima iskreno se voljeti iz svojeg srce samo sa svojom voljom. Pa kroz Deset Zapovijedi, koje su dale Izraelcima taman dovoljno poticaja da Ga slušaju, Bog ih je vodio da Ga vole i boje Ga se, kao i da vole svoje bližnje kroz svoja djela.

Do sada, mi smo pobliže pogledali na svaku zapovijed posebno, ali sada pogledajmo zapovijedi kao dvije velike grupe: ljubav za Boga i ljubav za bližnjega.

Zapovijedi od 1 do 4 se mogu sažeti kao, „Ljubi Gospodina, Boga svojega, svim srcem svojim, svom dušom svojom, svom pameti svojom." Služiti samo Boga Stvoritelja, ne raditi lažne idole ili ih slaviti, biti oprezan ne koristiti pogrešno Božje ime, držati Šabat svetim su sve načini ljubavi za Boga.

Zapovijedi od 5 do 10 se mogu sažeti kao „Ljubi bližnjega svojega kao samoga sebe." Poštovati roditelje, upozorenja protiv ubojstva, krađe, lažnog svjedočenja, žudnje, itd. sve su to načini sprječavanja zlih djela protiv drugih, ili naših bližnjih. Ako volimo naše bližnje kao same sebe, mi ne bismo željeli da oni prolaze kroz bolove, pa bismo mi mogli slušati te zapovijedi.

Mi moramo voljeti Boga iz centra naših srca

Bog nas ne prisiljava da slušamo Njegove zapovijedi. On nas vodi da ih slušamo iz naše vlastite ljubavi za Njega.

Kao što je zapisano u Poslanici Rimljanima 5:8, „*A Bog pokazuje svoju ljubav k nama, što Krist, kad smo bili još grješnici, umrije za nas.*" Bog prvo pokazuje Svoju veliku ljubav za nas.

Jako je teško naći nekog tko je voljan umrijeti umjesto dobre, ili pravedne osobe, ili čak bliskog prijatelja, ali Bog je poslao Svog jednog i jedinog Sina Isusa Krista da umre umjesto grešnika da bi ih oslobodio od kletve koja je bila prema Zakonu. Prema tome Bog je pokazao ljubav koja prelazi pravdu.

Kao što je zapisano u Poslanici Rimljanima 5:5 „*A nada se ne sramoti, jer se ljubav Božja izli u srca naša Duhom Svetim, koji je dat nama,*" Bog daje Duh Sveti kao dar svoj Svojoj djeci koja prihvate Isusa Krista, tako da mi možemo potpuno shvatiti Božju ljubav.

Zbog toga oni koji su spašeni sa vjerom i kršteni sa vodom i Duhom Svetim mogu voljeti Boga ne samo sa svojim umom, nego stvarno iz centra svojeg srca, što im dopušta slušati Njegove zapovijedi iz prave ljubavi za Njega.

Božja izvorna volja

Izvorno, Bog je stvorio čovjeka jer je On želio imati pravu djecu koju bi On mogao voljeti i koja bi Njega mogla voljeti, sa svojom slobodnom voljom. Ali ako netko sluša sve Božje zapovijedi ali ne voli Boga, kako se on može nazivati pravo dijete Boga?

Najamnik koji radi za plaću ne može naslijediti vlasnikov posao, ali vlasnikovo dijete, koji je potpuno različit od najamnika, može naslijediti posao. Isto tako, oni koji slušaju sve Božje zapovijedi mogu primiti Sve obećane blagoslove, ali ako oni ne razumiju Božju ljubav, oni ne mogu biti pravo dijete Boga.

Prema tome, netko tko razumije Božju ljubavi i poštuje Njegove zapovijedi nasljeđuje nebo i može živjeti u najljepšem dijelu neba kao pravo dijete Boga. I živjeti pored Oca, on može živjeti u slavi svijetloj kao sunce, cijelu vječnost.

Bog želi da svi ljudi, koji prime spasenje kroz krv Isusa Krista i koji Ga vole iz centra svojeg srca, žive sa Njim u Novom Jeruzalemu, gdje je Njegov tron i dijeliti Svoju ljubav cijelu vječnost. Zato je Isus rekao po Mateju 5:17, *"Ne mislite, da sam došao ukloniti zakon ili proroke. Nijesam došao da ih uklonim, nego da ih ispunim."*

Dokazi kako puno mi volimo Boga

Isto tako, samo nakon razumijevanja pravog razloga zašto nam je Bog dao Svoje zapovijedi mi možemo ispuniti Zakon, kroz ljubav koju imamo za Boga. Jer mi imamo zapovijedi, ili zakone, mi možemo fizički pokazati „ljubav," koji je apstraktni pojam koji se teško vidi sa fizičkim očima.

Ako neki ljudi kažu, „Bože, ja te volim sa svim svojim srcem, pa te molim blagoslovi me." kako može Bog pravde potvrditi tu izjavi, ako nema standarda sa kojim se to može provjeriti, prije nego ga blagoslovi? Jer mi imamo standard, zapovijedi ili Zakon, sa kojim mi možemo vidjeti ako stvarno volimo Boga sa svim našim srcem. Ako oni kažu sa svojim usnama da oni vole Boga, ali ne drže Šabat svetim kako nam Bog zapovijeda, onda mi možemo vidjeti da oni stvarno ne vole Boga.

Pa Božje zapovijedi su standard sa kojima mi možemo provjeriti, ili gledati kao dokaz, koliko mi volimo Boga.

Zato je rečeno u 1. Ivanovoj poslanici 5:3, „*Jer je ovo ljubav Božja, da zapovijedi njegove držimo, i zapovijedi njegove nijesu teške."*

Ja volim one koji vole mene

Blagoslovi koje primamo od Boga kao rezultat našeg slušanja Njegovih zapovijedi su blagoslovi koji neće nestati ili izblijediti.

Na primjer, što se dogodilo Danielu, koji je udovoljio Bogu jer je imao pravu vjeru sa kojom nikad nije radio kompromise sa svijetom?

Daniel je izvorno bio iz Judinog plemena i bio je potomak obitelji kraljeva. Ali kada je Južna Judeja griješila protiv Boga, kralj Nabukodonosor iz Babilona je napravi prvu invaziju u naciju u 605 pr. Kr. U to vrijeme, Daniel, koji je bio jako mlad, je bio odveden u zarobljeništvo u Babilon.

Prema kraljevim zakonima o zarobljenicima, Daniel i nekoliko mladića koji su također bili zarobljenici, su bili izabrani živjeti u Nabukodonosorovj palači i primiti kaldejsko školovanje tri godine.

Tijekom tog vremena, Daniel je tražio da ga se ne hrani porcijama hrane i vina od kralja, u strahu da će se ukaljati sa hranom koju je Bog zabranio jesti. Kao zarobljenik, on nije imao prava odbiti hranu koju mu je namijenio kralj, ali David je htio učiniti što god je mogao da bi očuvao svoju vjeru čistom pred Bogom.

I kad je vidio Danielovo čisto srce, Bog je pokrenuo srce čuvara tako da Daniel nije morao jesti i piti kraljevu hranu i vino.

I tijekom vremena, Daniel, koji se čvrsto držao Božjih zapovijedi, došao je do pozicije premijera nevjerničke nacije, Babilona. Jer je Danel imao nepromjenjivu vjeru koja ga je držala od kompromisa sa svijetom, Bog je bio zadovoljan sa njim. Pa iako su se nacije mijenjale, i kraljevi su se mijenjali, Daniel je ostao izvrstan u svim svojim putovima i on je nastavio primati Božju ljubav.

Oni koji Me traže pronađu Me

Možemo vidjeti takvu vrstu blagoslova čak i danas. Za svakog tko ima vjeru kao Daniel koja ne radi kompromise sa svijetom i sluša Božje zakone sa radosti, mi možemo vidjeti da mu Bog donosi prelijevajuće blagoslove.

Prije otprilike deset godina, jedan od naših starješina je radio za jednu od najvećih financijskih kompanije u naciji. Da bi privukli klijente, kompanije je održavala redovne sastanke za piće sa klijentima i golf sastanke tijekom tjedna na koje se moralo ići. U to vrijeme, naš starješina je bio đakon i nakon primanja te pozicije i kad je shvatio Božju ljubav, unatoč svjetovnim praksama svoje kompanije, on nikad nije pio sa svojim klijentima i on nije nikad propustio služenje Boga nedjeljom.

Jedan dan, CEO njegove kompanije mu je rekao, „Izaberi između svoje kompanije i svoje crkve." Jer je on čvrsta osoba po prirodi, on nije ni razmislio dva puta prije odgovora, „Ova kompanije mi je važna, ali ako me pitaš da izaberem između ove kompanije i moje crkve, ja ću izabrati svoju crkvu."

Čudesno, Bog je pomaknuo srce CEO-a i on je stavio veću razinu povjerenja u starješinu i on je primio promaknuće. To nije bilo sve. Ubrzo nakon toga, slijedeći seriju promaknuća, starješina se uzdigao na poziciju CEO-a kompanije!

Pa kada mi volimo Boga i pokušavamo slijediti Njegove

zapovijedi, Bog nas podiže da uspijevamo u svemu što činimo i On nas blagoslivlja u svim dijelovima našeg života.

Za razliku od zakona koje je društvo napravilo, Božje obećane riječi ne mijenja vrijeme Bez obzira na vremenski period u kojem živimo i bez obzira tko smo mi, ako jednostavno slušamo i živimo prema Božjoj riječi, mi možemo primiti Božje obećane blagoslove.

Zakon Života sa Bogom

Prema tome Deset Zapovijed, ili Zakon koji je Bog dao moj siju, uči nas standardu sa kojim možemo primiti Božju ljubav i blagoslove.

Kao što je zapisano u Mudrim izrekama 8:17, *"Ja ljubim one, koji ljube mene i koji me braze, nađu me,"* prema tome u kojoj mjeri slušamo Njegove zakone, toliko možemo primiti Njegovu ljubav i blagoslove.

Isus je rekao po Ivanu 14:21, *"Tko ima zapovijedi moje i drži ih, on je onaj, koji me ljubi. A tko ljubi mene, njega će ljubiti Otac moj, i ja ću ga ljubiti i objavit ću mu sebe samoga."*

Čine li se zakoni Boga teškima i nametljivim? Ali ako mi stvarno volimo Boga iz centra našeg srca, mi ih možemo slušati. I ako se nazivamo djecom Boga, mi bismo ih trebali prirodno slušati.

Ovo je način primanja Božje ljubavi, način na koji možemo biti sa Bogom, sresti Boga i primiti Njegove odgovore na naše molitve. Još važnije, Njegovi Zakoni nas drže podalje od grijeha i pomiču nas prema putu spasenja, pa kako su Njegovi Zakoni veliki blagoslov!

Praoci vjere kao Abraham, Daniel i Josip, jer su blisko slušali Njegov Zakon, primali su blagoslove koji su ih postavili iznad nacija. Oni su primili blagoslove u dolasku i primili su blagoslove u odlasku. Oni nisu samo uživali u blagoslovima u svim dijelovima svoje života, nego i na nebu, oni su primili blagoslove ulaska u slavu sjajnu kao sunce.

Ja se molim u ime našeg Gospoda da ćeš kontinuirano naginjati svoje uši prema Božjoj riječi i uživati u Zakonu GOSPODA i meditirati na njega dan i noć i prema tome potpuno ga slušati.

Eto, ja ljubim zapovijedi tvoje,
Gospode
po dobroti svojoj daj mi da nađem život!
Tko ljubi zakon tvoj, velik mir ima,
i u njega više nema spoticanja.
čekam spasenje tvoje, Gospode,
i izvršujem propise tvoje.
Neka jezik moj pjeva o naputku tvojemu
jer su propisi tvoji svi pravedni!

(Psalam 119:159, 165, 166, 172)

Autor:
Dr. Jaerock Lee

Dr. Jaerock Lee rođen je 1943. u Muanu, provincija Jeonnam, Republika Koreja. U svojim dvadesetim godinama Dr. Lee je sedam godina bolovao od niza neizlječivih bolesti i iščekivao smrt bez ikakve nade u oporavak. Međutim, jednoga dana, u proljeće 1974., njegova ga je sestra odvela u crkvu, a, kada je kleknuo da se pomoli, živi ga je Bog smjesta ozdravio od svih njegovih bolesti.

Od trenutka kada je Dr. Lee upoznao živoga Boga putem tog prekrasnog iskustva, ljubio je Boga svim svojim srcem i dušem, a 1978. pozvan je da postane sluga Božji. Usrdno se molio da jasno spozna Božju volju, da je u cijelosti provede u djelo i da poštuje Riječ Božju. 1982. utemeljio je crkvu Manmin Central Church u Seulu, Koreja, a u toj su se crkvi događala brojna djela Božja, uključujući i čudesna ozdravljenja i znamenja.

1986. Dr. Lee zaređen je za pastora na Godišnjoj skupštini crkve Jesus' Sungkyul Church iz Koreje, a četiri godine kasnije, 1990., njegove su propovijedi Dalekoistočna televizijska kuća, Azijska televizijska postaja i Kršćanski radio Washingtona počeli prenositi na televiziji u Australiji, Rusiji, na Filipinima i u brojnim drugim zemljama.

Tri godine kasnije, 1993., crkvu Manmin Central Church odabrao je za jednu od „50 najvećih crkava na svijetu" časopis *Kršćanski svijet* (SAD), a on je primio Počasni doktorat božanstva od fakulteta Christian Faith College, Florida, SAD, a 1996. i doktorsku titulu od teološkog sjemeništa Kingsway Theological Seminary, Iowa, SAD.

Od 1993. Dr. Lee predvodi i svjetsku misiju u mnogim prekooceanskim pokretima u Tanzaniji, Argentini, L.A.-u, Baltimore Cityju, Hawaiijima i

New York Cityju u SAD-u, Ugandi, Japanu, Pakistanu, Keniji, Filipinima, Hondurasu, Indiji, Rusiji, Njemačkoj, Peruu, Demokratskoj Republici Kongo i Izraelu. 2002. glavne kršćanske novine u Koreji prozvale su ga „svjetskim pastorom" za njegov doprinos u različitim prekooceanskim pokretima za veliko ujedinjenje.

Od svibnja 2018. crkva Manmin Central Church ima kongregaciju od više od 130.000 članova. Ima 11.000 tuzemnih i inozemnih ogranaka crkve diljem planete, a dosad je više od 102 misionara poslano u 23 zemlje, uključujući i Sjedinjene Američke Države, Rusiju, Njemačku, Kanadu, Japan, Kinu, Francusku, Indiju, Keniju i mnoge druge zemlje.

Do datuma objavljivanja ove knjige Dr. Lee je napisao 110 knjiga, uključujući i bestselere *Kušanje Vječnog Života Prije Smrti, Moj Život, Moja Vjera I i II, Poruka Križa, Mjera Vjere, Raj I i II, Pakao i* Božja Moć. Njegova su djela prevedena na više od 76 jezika.

Njegove kršćanske kolumne objavljuju The Hankook Ilbo, The Chosun Ilbo, The JoongAng Daily, The Dong-A Ilbo, The Seoul Shinmun, The Kyunghyang Shinmun, The Korea Economic Daily, The Shisa News, and The Christian Press.

Dr. Lee je trenutačno vođa mnogih misionarskih organizacija i udruga, uključujući i funkcije predsjedavajućega u The United Holiness Church of Jesus Christ, stalnog predsjednika u The World Christianity Revival Mission Association, osnivača i predsjednika uprave u Global Christian Network (GCN), osnivača i predsjednika uprave u World Christian Doctors Network (WCDN) i osnivača i predsjednika uprave u Manmin International Seminary (MIS).

Ostale moćne knjige istog autora

Raj I & II

Podrobna skica božanske životne okoline u kojoj uživaju stanovnici raja i prekrasan opis različitih razina nebeskog kraljevstva.

Poruka Križa

Moćna poruka razbuđivanja za sve ljude koji su u duhovnom snu! U ovoj ćete knjizi pronaći razlog zašto je Isus naš jedini Spasitelj i iskrenu Božju ljubav.

Pakao

Ozbiljna poruka cijelom čovječanstvu od Boga, koji ne želi da čak i jedna duša padne u dubine pakla! Otkrit ćete nikada prije objavljeni opis surove stvarnosti Hada i pakla.

Duh, Duša, i Tijelo I & II

Kroz duhovno razumijevanje duha, duše, i tijela, koje su komponente ljudi, čitatelji se mogu zagledati u sebe i dobiti uvid u sam život.

Mjera Vjere

Koja je vrsta boravišta, krune i nagrada pripravljena za tebe u raju? Ova ti knjiga donosi mudrost i vodstvo kako bi izmjerio svoju vjeru i kultivirao najbolju i najzreliju vjeru.

Izraele, Probudi se

Zašto je Bog uperio pogled u Izrael od početka svijeta do današnjega dana? Koja je vrsta Njegove providnosti pripravljena za Izrael posljednjih dana, koji iščekuje Mesiju?

Moj Život, Moja Vjera I & II

Najmirisnija duhovna aroma izvučena kao ekstrakt iz života koji je procvjetao neusporedivom ljubavlju za Boga usred tamnih valova, hladnoga jarma i najdubljeg očaja.

Božja Moć

Obvezno štivo koje služi kao neophodni vodič putem kojega se može zadobiti iskrena vjera i doživjeti čudesna Božja moć.

---

www.urimbooks.com

www.ingramcontent.com/pod-product-compliance
Lightning Source LLC
LaVergne TN
LVHW041810060526
838201LV00046B/1203